질문으로 시작하는
초등 논쟁 수업

질문으로 시작하는
초등 논쟁 수업

1판 1쇄 발행일 2017년 11월 1일 **1판 2쇄 발행일** 2018년 6월 4일
글 신지영·김열매 **그림** 박연옥
펴낸곳 (주)도서출판 북멘토 **펴낸이** 김태완
편집장 이미숙 **편집** 오지숙
디자인 전혜순, 안상준 **마케팅** 이용구, 강동규
출판등록 제6-800호(2006. 6. 13.)
주소 03990 서울시 마포구 월드컵북로 6길 69(연남동 567-11), IK빌딩 3층
전화 02-332-4885 **팩스** 02-332-4875 **이메일** bookmentorbooks@hanmail.net

ⓒ 신지영·김열매 2017

ISBN 978-89-6319-246-8 73300

※ 잘못된 책은 바꾸어 드립니다.
※ 이 책은 저작권법에 따라 보호를 받는 저작물이므로 무단 전재와 무단 복제를 금합니다.
  이 책의 전부 또는 일부를 쓰려면 반드시 저작권자와 출판사의 허락을 받아야 합니다.
※ 책값은 뒤표지에 있습니다.
※ 이 도서의 국립중앙도서관 출판예정도서목록(CIP)은 서지정보유통지원시스템 홈페이지(http://seoji.nl.go.kr)와
  국가자료공동목록시스템(http://www.nl.go.kr/kolisnet)에서 이용하실 수 있습니다. (CIP제어번호: CIP2017026369)

질문으로 시작하는
초등 논쟁 수업

신지영·김열매 글
박연옥 그림

북멘토

| 작가의 말 |

즐거운 논쟁을 위한 지침서

　어린 시절 이야기예요. 뭐든지 뜻이 잘 통하는 친한 친구가 있었어요. 우리는 항상 어울려 다니며 신나게 놀았어요. 그러던 어느 날 친구와 말다툼을 했어요. 별로 중요한 내용은 아니었지만 생각이 다르다 보니 우리는 서로의 말을 듣기보다 소리 높여 각자 자기가 하고 싶은 말만 했어요. 그날 친구와 난 처음으로 인사도 하지 않고 헤어졌어요. 내가 생각하기에는 너무나 당연한 이야기인데 그 친구는 왜 이해하지 못할까, 혹시 나를 무시하는 걸까 하는 생각이 들어 분이 풀리지 않았어요. 그 이후로 친구와 나는 조금씩 서먹해지고 어느새 멀어지게 되었지요.

　나이가 들어서야 친구와 내가 서로 다른 생각을 가지는 건 자연스러운 일이라는 걸 알게 되었어요. 예를 들어 볼까요? 언제나 더운 날씨가 계속되는 적도 부근의 사람들과 살이 얼어붙는 추위가 계속되는 북극 지방의 사람들에게 에어컨과 난로 중 어떤 것이 더 필요한 물건이냐고 묻는다면 어떨까요? 적도 부근 사람들은 에어컨이, 북극 지방 사람들은 난로가 더 필요한 물건이라고 하지 않을까요?

　사람들의 의견을 서로 다르게 하는 건 이렇게 지리적인 차이뿐만이 아니에요. 성별이나 피부색 같은 신체적 조건, 또는 사람들이 믿는 종교, 도덕이나 관습과 같은 사회적인 이유, 빈부 차이와 같은 경제적인 상황 등 서로의 생각을 다르게 하는 원인은 정말 다양하답니다. 그러니 서로 다른 환경에서 자란 친구와 내가 생각이 다른 건 당연한 일이었어요.

이럴 때 필요한 게 바로 '논쟁'이에요. 논쟁이란 어떤 문제에 대해 의견이 다른 사람들이 서로를 설득하기 위해 하는 말하기나 글쓰기를 뜻해요. 그렇기 때문에 무턱대고 자기 생각만 주장하는 건 논쟁이라고 할 수 없어요. 논쟁은 사람을 설득하는 말하기이기 때문에 논리적인 근거를 들어 말해야 해요. 그래야 논쟁이 진행되는 동안 상대방의 의견이 무엇인지 정확히 알게 되고, 어떤 의견을 받아들이고 어떤 의견을 받아들이지 않을지 판단할 수 있지요.

만일 논쟁이 없다면 어떻게 될까요? 감정이 상해서 다툼이 잦아질 거예요. 말과 글로 상대방을 설득하기보다는 힘이나 폭력을 써서 자기의 주장을 밀어붙이게 되겠죠. 실제로 역사 속에서 벌어진 많은 사건이나 전쟁은 의견이 다른 사람들이 논쟁이 아닌 힘으로 문제를 해결하는 과정에서 벌어진 일들이에요. 의견이 다를 때마다 사람이 다치거나 죽어 나간다고 생각하면 정말 끔찍하죠?

이 책은 우리 생활과 관련이 깊으면서 아직까지도 사회적으로 치열한 논쟁이 있는 주제들을 소개하고 있어요. 정치적인 문제부터 과학적인 주제까지 다양한 논쟁을 다루고 있지요. 이야기에 등장하는 아이들은 같은 반 친구들이지만 저마다 생각이 달라요. 친구들이 벌이는 논쟁을 지켜보면서 여러분도 자신의 생각을 이야기해 보세요. 책을 통해 여러분이 논쟁을 연습하고, 논쟁에 익숙해지면 좋겠어요. 그래서 어린 시절의 저처럼 친구와 싸우거나 오해하는 일이 없이 현명하게 서로의 생각을 나눌 수 있기를 바랍니다.

신지영·김열매

차례

작가의 말 · 4

민주주의는 꼭 필요한 걸까? 10
논쟁_민주주의 카이사르와 브루투스 ——— 20

나쁜 짓을 한 사람의 신상은 공개해도 괜찮은 걸까? 26
논쟁_신상 공개 제도 『주홍글씨』와 낙인 효과 ——— 36

내 생명은 온전히 나의 것일까? 40
논쟁_안락사 죽음의 의사와 안락사 ——— 50

CCTV는 확대되어야 할까? 54
논쟁_CCTV 『1984년』과 감시 사회 ——— 66

모두 똑같은 교육을 받아야 할까? 70
논쟁_교육 평준화 엿 사건과 평준화 ——— 80

인간도 복제할 수 있을까? 84
논쟁_인간 복제 복제 양 돌리와 인간 복제 ——— 94

다른 문화는 언제나 존중받아야 할까? 98
논쟁_문화 상대주의 『샤를리 에브도』 테러 사건과 문화 상대주의 ——— 108

환경 보호와 개발은 함께할 수 있을까? 114
논쟁_자연 개발 『침묵의 봄』과 리우 환경 회의 ——— 124

민주주의는 꼭 필요한 걸까?

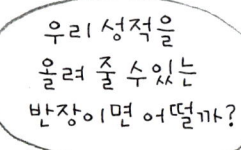

우리한테 잘하는 애로?

우리 성적을 올려 줄 수 있는 반장이면 어떨까?

 2학기가 시작되고 며칠이 지났다. 방학 내내 조용하던 학교가 들썩거렸다. 오랜만에 만난 아이들은 할 얘기가 끝없이 이어지는 모양이었다. 떠들썩한 교실 한쪽에서 상혁이가 피곤한 듯 하품을 했다. 뒷자리에 앉아 있던 종현이가 상혁이 등을 쿡 찔렀다.
 "어제 또 밤늦게까지 책 읽었지?"
 "어, 어떻게 알았어?"
 상혁이가 머리를 긁적이며 웃었다.
 "너야 뻔하지. 내일 혜성이 지구에 충돌한다고 해도 넌 책만 읽고 있을걸."
 "재밌는 걸 어떡해."

"재미있다는 건 게임 같은 걸 두고 하는 소리지!"

이해할 수 없다는 듯 고개를 절레절레 흔드는 종현이를 보며 상혁이는 빙글빙글 웃기만 했다. 그때 교실 앞문이 열리며 선생님이 들어왔다. 시끄럽던 교실이 순식간에 조용해졌다.

"너희들 떠드는 소리가 교무실까지 들린다. 뭘 먹으면 이렇게 힘이 넘치는 거니?"

선생님의 말에 아이들 웃음소리가 여기저기서 새어 나왔다.

"한국 사람은 밥심이죠!"

종현이가 큰 소리로 외쳤다.

"글쎄다. 선생님도 매일 밥 잘 먹는데 종현이가 떠드는 소리만 들어도 힘이 드는 걸 보면 아무래도 그건 아닌 거 같구나."

"그야 선생님이 나이가 많아서 그런 거구요!"

종현이의 대꾸에 여기저기에서 웃음이 터져 나왔다.

"누가 들으면 선생님이 꼬부랑 할머니라도 되는 줄 알겠다. 자, 이제 그만 조용히 하자. 오늘은 2학기 반장을 뽑는 날이지?"

반장이란 말에 종현이가 귀를 쫑긋 세웠다. 2학기 때는 꼭 반장을 하고 말리라는 다짐으로 그동안 아이들에게 사 준 떡볶이가 열 접시도 넘는다. 반 친구들 일이라면 없는 시간도 만들어서 도와주었다. 종현이는 드디어 반년간의 고생을 보상받겠구나 싶어 반짝이는 눈으로 선생님을 쳐다봤다.

"선생님이 방학 동안 생각을 좀 해 봤는데 말이야. 1학기 때는 너희가 원하는 대로 투표를 해서 반장을 뽑았으니까 2학기 때는 선거 대신 선생님이 임명을 하는 게 어떨까? 난 우리 반에서 제일 모범생인 은경이가 반장을 맡아 주면 좋겠는데 말이야."

반년 동안 오늘만 기다려 온 종현이는 벼락이라도 맞은 것 같았다. 그동안의 고생이 모두 새가 되어 날아가 버리고 새가 싼 똥만 잔뜩 맞은 느낌이었다.

"말도 안 돼요! 다른 반도 다 투표한다고요! 선생님 마음대로 하는 게 어디 있어요!"

종현이가 소리쳤다. 몇몇 아이들도 종현이의 말에 고개를 끄덕거렸다. 잠시 고민을 하던 성연이가 손을 들고 자리에서 일어났다. 성연이는 시험

만 보면 반에서 1등을 하는 아이였다.

"전 선생님 말씀에 찬성합니다."

뜻밖의 말에 반에서 키가 제일 큰 경민이가 성연이를 보며 물었다.

"선생님 말에 찬성하는 이유가 뭐야?"

"솔직히 1학기 때는 우리 반이 엉망이었다고 생각하지 않아? 우리가 선거로 뽑았던 지은이는 무조건 노는 걸로 시작해서 노는 걸로 끝났어. 시난 학기에 우리 반 성적이 모두 사이좋게 뚝 떨어진 건 놀기 좋아하는 반장 지은이 때문이었다고 생각해."

지은이 얘기가 나오자 '맞네', '아니네'로 교실 전체가 술렁였다.

"내가 뭘 그렇게 잘못했다고 그래? 난 우리 반 아이들이 제일 원하는 걸 했을 뿐이라고. 내가 놀자고 할 때 성연이 너도 박수 치고 좋아했잖아."

지은이는 분하다는 듯 씩씩거리며 항의했다. 아이들을 지켜보던 선생님이 교탁을 몇 번 가볍게 두드렸다.

"자! 이제 보니 모두들 각자의 생각이 있는 것 같구나. 그럼 이렇게 하자. 반장을 어떻게 뽑는 것이 좋을지 너희가 토론으로 정하렴. 선생님은 그 결과에 따르도록 할게. 어때, 제일 좋은 방법이지?"

선생님의 물음에 방금 전까지 의견이 갈렸던 아이들이 모두 한목소리로 대답했다.

"네!"

은경이를 시작으로 저마다 의견을 내기 시작했다.

지은 그게 왜 나빠요? 친구들이 원하는 걸 하는 게 제일 좋은 거 아닐까요? 은경이랑 몇 명 빼고는 아이들도 재미있어했구요. 자기가 싫다고 해서 많은 사람들이 원하는 걸 못 하게 하는 건 아닌 것 같아요. 다수의 의견을 무시하고 소수의 의견을 따르는 게 더 이상하죠. 이런 사람을 독재자라고 하잖아요.

성연 하지만 모든 사람이 옳지 않은 주장을 하고 몇몇 사람만이 옳은 이야기를 하면요? 아예 다수결로 학교를 나오지 말고 놀자 하면 모든 아이들이 좋아할 텐데요. 그런데 그게 옳은 건가요?

"그럴 수도 있긴 하겠네요. 하지만 옳지 않은 의견은 여러 사람이 모여서 함께 이야기하다 보면 자연스럽게 사라지게 돼요."

"그러니까 처음부터 똑똑한 사람한테 맡겨 놓으면 실수도 하지 않고 시간도 절약되겠죠. 선생님이 추천한 은경이에게 반장을 맡긴다면 우리 반을 잘 이끌어 나갈 거예요."

전 성연이와 생각이 달라요. 사람은 누구나 실수를 할 수 있어요. 똑똑한 사람이 언제나 옳은 판단을 할 거라고 어떻게 믿을 수 있죠? 판단이 옳은지 아닌지를 가리려면 지금처럼 모든 사람이 의견을 말할 수 있는 게 중요한 것 같아요.

경민

아이들의 발언이 끝나자 선생님이 박수를 치며 말했다.

"좋아! 아주 재미있는 이야기들이었어. 너희들이 이 정도까지 민주주의에 대해 생각하고 있었다니 놀랍구나."

선생님의 칭찬에 종현이가 어깨를 으쓱하며 말했다.

"선생님도 참! 요즘 초등학생들은 이 정도는 기본이라고요."

그러자 아이들의 입에서 '와' 하고 웃음이 터졌다. 잠시 후 선생님이 교탁에 손을 짚고 말을 이었다.

"이만하면 너희를 믿고 선거를 해도 될 것 같다. 그럼 이제부터 반장 선거를 시작하도록 하자. 아까 자기 의견을 멋지게 말한 친구들도 당연히 선거에 출마하겠지?"

반 장 선 거
1. 은경이
2. 종현이
3. 경민이

반 평균 성적을 올리겠습니다!

모두의 말에 귀 기울이겠습니다!

1번 은경이

3번 경민이

즐거운 학급을 만들겠습니다!

2번 종현이

논쟁_민주주의

카이사르와 브루투스

'모든 길은 로마로 통한다'라는 말이 있습니다. 어느 곳에서 출발해도 결국은 로마로 가게 된다는 뜻으로, 당시 세계의 중심이던 로마 제국의 번영을 뜻하는 말이기도 합니다.

처음에 로마는 왕이 자신의 뜻대로 나라를 지배하는 조그만 왕정 국가였습니다. 하지만 왕이 정치를 올바르게 하지 않자 사람들이 왕을 추방하여 민주주의 국가가 되었습니다. 민주주의란 어느 한 사람을 나라의 주인으로 삼는 것이 아니라 국민 모두가 나라의 주인이 되어 직접, 또는 선거로 뽑은 대표를 통해 나랏일을 결정하는 정치 형태를 말합니다. 왕을 없앤 로마는 시민들의 의견을 모아 나라를 다스리며 점차 넓은 곳으로 세력을 떨치게 됩니다.

율리우스 카이사르는 이러한 때에 많은 시민들의 지지를 얻어 종신 독재관이 되었습니다. 카이사르는 자신에게 주어진 권력을 바탕으로 도로 건설, 달력 개정 등과 같은 나라의 중대사를 신속히 처리하여 더욱 인기를 끌었지요. 로마의 민주주의를 지지하는 사람들은 점차 두려움을 가지게 됩니다. 그들의 눈에 카이사르는 언제라

프랑스 루브르 박물관에 전시된
율리우스 카이사르 석상.

도 민주주의를 버리고 왕이 되어 독재 정치를 할 사람처럼 보였기 때문입니다. 독재 정치는 민주주의와 달리 한 사람이 모든 권력을 가지고 자기 마음대로 나랏일을 결정하는 정치 형태입니다. 실제로 카이사르는 마치 왕이 된 것처럼 자기 얼굴을 새긴 주화를 발행하고, 사람들 앞에서 왕관을 쓰기도 하였습니다. 로마의 민주주의를 지지하는 사람들은 민주주의를 지키기 위해 카이사르 암살 계획을 세웠습니다. 카이사르를 없앤다면 민주주의가 유지될 수 있을 것이라고 믿었기 때문입니다.

카이사르의 얼굴이 새겨진 로마 주화.

마침내 암살 당일, 카이사르 앞에 한 무리의 사람들이 칼을 들고 나타납니다. 그중에는 카이사르가 자신의 아들처럼 사랑했던 브루투스도 있었습니다. 카이사르는 자신을 암살하러 온 사람들 속에서 브루투스를 발견하고 '아, 브루투스 너마저'라는 말을 남기고 쓰러집니다. 브루두스는 민주주의라는 신념을 위해 아버지 같았던 카이사르를 찌른 것입니다. 하지만 브루투스의 결단에도 불구하고 카이사르가 죽은 이후 로마는 옥타비아누스라는 인물이 황제가 되면서 민주주의를 버리고 제국의 길을 걷게 됩니다.

카이사르와 브루투스, 서로를 너무나 존중하고 사랑했던 두 사람을 갈라지

게 만든 민주주의와 독재 정치의 차이와 장단점은 무엇일까요? 민주주의를 비판하는 사람들은 이렇게 이야기하곤 합니다.

1. 민주주의는 여러 사람의 의견을 듣는 과정을 거쳐야 하기 때문에 의사를 결정하는 과정이 빠르지 못하므로 효율적이지 않다.

2. 민주주의의 주요 원칙인 다수결 원리는 소수의 의견을 무시한다.

3. 민주주의는 현명한 사람의 의견이나 부족한 사람의 의견이나 모두 똑같이 가치를 인정하기 때문에 어리석은 사람들이 많아지면 옳지 않은 의견이 대표로 선정될 수 있다. 이를 어리석은 다수에 의한 중우 정치라 한다.

하지만 민주주의는 이러한 비판에도 불구하고 더 많은 장점을 가지고 있습니다.

1. 정책을 만드는 과정에서 모든 사람의 의견을 들을 수 있으므로 의사 결정 과정이 공평하고, 언제든지 더 나은 의견을 선택할 수 있는 기회를 가질 수 있다.

2. 소수의 의견은 모든 사람이 합의 과정을 거치는 동안 의견에 포함될 수 있다. 그리고 다수의 생각은 소수의 생각보다 틀릴 가능성이 적다. 만일 소수의 의견에 따른다면 다수의 의견이 무시된다. 민주주의가 아닌 독재 정치에서는 소수 의견뿐 아니라 다수 의견도 무시될 수 있다.

3. 민주주의는 권력을 입법부, 행정부, 사법부, 언론 등 다양한 기관에 분산하여 서로를 견제하게 함으로써 중우 정치의 나쁜 점을 예방할 수 있다.

카이사르의 사례에서 보듯이 독재 정치는 민주 정치에 비해 신속한 의사 결정으로 나랏일을 빠른 시간에 효율적으로 처리할 수 있는 장점이 있습니다. 또한 아는 것이 많은 현명한 사람이 일을 처리할 경우 어리석은 사람들의 의견을 듣지 않아도 되므로 나쁜 결정을 내릴 가능성이 적어질 수도 있습니다.

실제로 고대 그리스의 철학자 플라톤은 공정하고 현명한 판단을 내리는 철학자들이 정치를 하는 '철인 정치'가 가장 이상적인 정치 형태라고 주장하기도 하였습니다.

하지만 이런 장점에도 불구하고 독재 정치는 매우 위험한 정치 형태입니다. 사람은 누구나 완전하지 않으며 언제든지 그른 판단을 할 수 있기 때문입니다. 독재 정치는 모든 권력이 한 사람에게 집중되어 있기 때문에 독재자의 잘못된 판단을 수정할 수 있는 장치가 없습니다. 또한 사람은 자신이나 가족, 친구처럼 가까운 사람이 관련된 일에는 공정한 판단을 내리기가 어렵습니다. 따라서 독재 정치는 반드시 타락하게 마련입니다.

하지만 민주주의는 다릅니다. 비록 시간이 걸린다 하더라도 모든 사람이 의사 결정에 참여하게 되므로 언제나 한 사람의 판단보다 더 나은 선택을 할 수 있는 가능성이 있습니다. 그 과정에서 소수의 의견이 충분히 반영될 수 있습니다. 또한 혹시라도 그른 판단이나 옳지 않은 행동이 나왔을 경우 권력이 분산되어 있기 때문에 견제를 통해 수정할 수 있습니다.

모든 사람이 정치에 참여하는 민주주의는 오늘날 더 이상 흔들리지 않는 가장 중요한 통치 원칙입니다. 대한민국의 모든 사람들이 지켜야 하는 헌법 제1조는 "①대한민국은 민주공화국이다. ②대한민국의 주권은 국민에게 있고 모든 권력은 국민에게서 나온다."라고 규정하여 대한민국이 민주주의에 기초를 둔 나라임을 밝히고 있습니다.

민주주의가 아무런 단점도 없는 완벽한 제도는 아닙니다. 그럼에도 불구하고 민주주의가 독재 정치를 비롯하여 다른 정치 체제들을 이기고 살아남은 것은 모든 사람들의 다양한 생각을 버리지 않고 포용하여 자신의 단점을 수정하기 위해 노력했기 때문입니다. 민주주의는 우리 모두가 지켜야 할 소중한 가치입니다.

 깊이 생각해 보기

① 인권이나 과학적 사실도 다수결로 결정할 수 있을까?
② 모두의 의견을 들을 시간이 없을 때는 어떻게 해야 할까?

나쁜 짓을 한 사람의
신상은 공개해도 괜찮은 걸까?

햇볕이 포근하게 교실을 비추고 있었다. 은경이와 성연이는 맛있게 점심을 먹고 운동장으로 나왔다. 둘 다 배가 볼록 나오게 밥을 먹어서 소화도 시킬 겸 잠시 걷기로 한 것이다.

"우리 학교 급식 진짜 환상적이지 않아?"

"맞아! 누가 이렇게 맛있게 만드는지 온 동네에 다 알리고 싶어."

"사진에다 이름을 커다랗게 써 붙여서 말이지?"

"응! 근데 그러면 사람들이 너도나도 먹어 보겠다고 몰려와서 우리가 먹을 게 없어지지 않을까?"

둘은 서로 마주보며 웃음을 터트렸다. 운동장을 몇 바퀴 돌고는 교실로 들어가려는데 학교 게시판 앞에 아이들이 모여 있는 게 보였다. 분위기가 심상치 않았다.

"무슨 일이지?"

"그러게, 우리도 가 보자."

은경이와 성연이는 고개를 갸웃거리며 게시판 쪽으로 다가갔다. 게시판에는 붉은 글씨로 크게 이런 내용이 적혀 있었다.

1회 주의를 받고도 또다시 교칙을 어기다 발각된 학생은 벌칙과 함께 사진과 이름, 어긴 교칙 내용을 학교 게시판에 붙여 놓도록 하겠습니다.

몇몇 아이들은 얼굴을 붉히며 화를 냈다.

"야, 이건 말도 안 돼!"

"말만 안 되니? 이건 지나가는 소가 봐도 웃을 일이야."

"어떻게 우리한테 이럴 수가 있어?"

아이들의 얘기를 듣고 있던 성연이를 은경이가 급하게 잡아끌었다.

"얼른 가서 우리 반 애들한테도 말해 주자. 이런 건 빨리 알려야 해!"

성연이가 고개를 끄덕거리자마자 은경이는 교실로 달려가 아이들에게 소리쳤다.

"너희들, 학교 게시판에 붙은 글 봤어?"

숨을 고르는 은경이를 보며 종현이가 눈썹을 문질러 댔다.

"교칙 어긴 애들 신상 공개 한다는 거?"

"어, 어떻게 벌써 알았어?"

은경이가 깜짝 놀라 물었다.

"반장, 그건 벌써 전교생이 다 알아. 난 점심 먹을 때 이미 알고 있었어. 3반 애가 게시판에 그 글 붙자마자 찍어서 학교 밴드에 올렸거든. 보나 마나 우리 반장은 오늘 나온 스파게티가 맛있다며 두 그릇 먹다가 이제야 알았겠지."

아슬아슬한 표 차이로 2학기 반장 자리를 은경이에게 내준 후로 종현이는 살짝 까칠해졌다. 하지만 은경이가 두 그릇을 먹은 건 사실이었기에 뭐라고 대꾸할 말을 찾을 수는 없었다.

"지금 그게 문제가 아니잖아. 학교 게시판에 붙은 글, 너희들은 어떻게 생각해?"

"맞아. 지금 중요한 건 점심 때 먹은 스파게티가 아니라고. 잘못하면 우리 모두 공개 망신을 당할 수도 있어."

상혁이의 물음에 은경이가 손뼉까지 치며 맞장구를 쳤다. 하지만 종현이의 반응은 아이들과 달랐다.

"그게 왜 문제가 되는데?"

"그게 왜 문제라니? 정말 문제가 뭔지 모르겠다는 거야?"

뜻밖의 반응에 은경이랑 아이들이 웅성대자 종현이 옆에 있던 지은이가 입을 열었다.

"응! 사실은 나도 그게 왜 문제인지 모르겠어."

"설마 지은이 너도 종현이랑 생각이 같은 거야?"

상혁이가 놀란 표정으로 묻자 지은이는 기다렸다는 듯이 고개를 끄덕거리며 말했다.

"그래! 그러니까 한마디로 정리하면 교칙을 어기지 않으면 되는 거 아냐?"

지은이의 말을 듣던 경민이가 '맞아, 맞아' 하면서 중얼거렸다. 성연이가 화난 목소리로 외쳤다.

"아니야! 그렇게 간단히 말할 수 있는 게 아니라고."

"그럼 알아듣게 이야기해 줄래?"

교칙을 어겨서 벌을 받는 건 이해가 돼. 하지만 그걸 학교 전체에 알리는 건 다른 문제야. 그건 벌을 받는 게 아니라 창피를 당하는 거잖아. 잘 모르는 아이들까지 손가락질할 테고. 그건 너무 잔인하지 않아?

성연

지은 그러니까 교칙을 지키면 되잖아. 남들이 보든 안 보든 교칙을 열심히 지키는 아이들은 처음부터 그렇게 망신당할 걱정을 하지 않는단 말이야. 교칙을 어길 준비가 되어 있는 아이들만 걱정을 하는 거지.

상혁 살다 보면 어쩔 수 없이 교칙을 어기는 경우도 있다고. 화장실이 너무 급해서 운동장 구석에 오줌을 싸다가 걸린 게 전교에 알려지면 어떡해. 생각만 해도 얼굴이 화끈거린다.

종현 거봐! 벌써 신상 공개의 효과가 느껴지잖아. 그렇게 부끄러울 것 같으면 학교 운동장에서 오줌 쌀 생각을 안 하면 되지. 그리고 우리는 누가 교칙을 자주 어기는지 알 권리도 있단 말이야. 그래야 그 아이들이 어떤 잘못을 저질렀는지 알고 피할 수 있으니까.

은경 그게 더 큰 문제야. 교칙을 어기면 벌을 받는 건 당연해. 하지만, 만일 신상이 공개되면 네 말대로 다른 아이들이 그 아이를 피하게 된다고! 그러다가 왕따라도 당하면 어떻게 해. 그건 자기가 저지른 잘못보다 더 큰 벌을 받는 거잖아.

경민 하지만 그렇게 하지 않으면 교칙을 지키지 않는 아이들을 제대로 막을 수 없어. 아무리 교칙을 어기지 말라고 해도 계속 교칙을 어기는 아이들이 나오잖아. 신상 공개를 해서 다들 교칙을 잘 지키게 된다면 어쨌든 난 찬성이야.

토론이 끝나자 성연이가 다시 말문을 열었다.

"하여간 나는 이대로 넘어갈 수 없어."

"나도 마찬가지야."

은경이가 성연이의 말에 찬성하자 지은이가 궁금하다는 표정으로 성연이에게 물었다.

"그럼 어떻게 할 건데?"

"일단 선생님한테 가서 어떻게 된 일인지 물어본 다음에 우리 생각을 말씀드릴 거야."

"맞아. 우리가 아무리 학생이라고 해도 무조건 시키는 대로 할 필요는 없다고 생각해."

지은이도 고개를 끄덕였다.

"좋아! 그럼 나도 같이 가자."

"어? 넌 신상 공개 찬성이잖아?"

함께 간다는 말에 상혁이가 놀라서 물었다.

"난 찬성이긴 하지만 이번 일처럼 중요한 일은 선생님 혼자 결정할 게 아니라 우리들 생각도 들어 보는 게 맞는다고 생각해. 그래서 나도 같이 갈 거야."

"그 말이 맞는 것 같아."

"나도!"

경민이가 지은이의 말에 동의하자 종현이도 재빠르게 고개를 끄덕거리며 따라가겠다고 나섰다.

"좋아! 그럼 우리 선생님한테 말씀드리고, 이 문제를 학급 회의에서 정식으로 이야기하도록 하자."

은경이의 말이 끝나자 아이들이 박수를 치며 모두 동의했다.

"이제야 좀 반장 같네. 반장이 앞장서."

종현이와 은경이는 서로를 향해 씩 웃어 보였다.

논쟁_신상 공개 제도

『주홍글씨』와 낙인 효과

　아주 오래전 중국과 우리나라에는 묵형(墨刑)이라는 형벌이 있었습니다. 중한 죄를 저지른 죄인의 이마나 팔에 시커먼 먹으로 죄의 이름을 새겨 넣어 그 사람이 무슨 죄를 지었는지 바로 알아볼 수 있게 하는 형벌이었습니다. 묵형을 받은 사람들은 언제 어느 곳에 가도 사람들로부터 수모와 멸시를 받았습니다. 따라서 묵형을 받은 사람들은 수치심 때문에 사회생활을 원만하게 하지 못했습니다.

　지은 죄를 외부에 표시하여 망신을 주는 형벌의 무서움은 미국의 작가 나다니엘 호손이 지은 소설 『주홍글씨』에도 잘 나타납니다. 17세기 미국, 주인공 헤스터 프린은 옷의 가슴 부근에 주홍색으로 자신이 지은 죄의 이름을 새

긴 채 평생을 살라는 형을 선고받습니다. 주인공은 사람들의 멸시와 천대가 주는 정신적 고통을 견디며 살아갑니다. 많은 사람들이 알고 기억할 만한 큰 잘못을 저지른 경우 '주홍글씨가 새겨졌다'고 말하는 건 이 소설에서 유래한 것입니다.

영화 〈주홍글씨〉(1926) 포스터.

　이렇게 죄의 이름을 죄인의 몸에 새겨 공개적으로 수치를 당하게 하는 형벌은 시간이 지나면서 점차 사라졌습니다. 평생 동안 겪게 되는 마음고생을 생각해 보면 지은 죄에 비해 형벌이 너무 가혹하다는 것이 그 이유였습니다. 하지만 최근 몇몇 강력 범죄를 대상으로 범죄자의 죄목과 신상을 공개하자는 의견이 점점 힘을 얻고 있습니다.

1. 죄를 짓지 않은 사람들은 누가 잔인하고 흉악한 범죄를 지었는지 알 권리가 있다. 그래야 그들이 저지르는 범죄의 대상이 되는 걸 피할 수 있기 때문이다.

2. 신상 공개라는 제도가 너무 과도한 처벌이라면 애초에 그 범죄를 저지르지 않으면 된다.

3. 범죄자 신상 공개 제도는 범죄를 예방할 수 있는 효과가 있으므로 우리가 사는 사회가 더 안전해질 수 있다.

하지만 범죄자 신상 공개 제도는 동시에 많은 문제점을 가지고 있습니다.

1. 범죄자의 신상이 모든 사람에게 알려지게 되므로, 범죄를 저지른 사람이 범죄에 대한 책임을 진 후에도 취업이나 인간관계에 불이익을 가져다주어 사회에 정착하는 것을 어렵게 한다. 이를 낙인 효과라 한다. 이는 사회에 적응하지 못한 범죄자가 또 다른 범죄를 저지르게 한다.

2. 범죄자의 신상이 공개되면 범죄자뿐 아니라 범죄자를 가족으로 둔 다른 무고한 사람들도 함께 피해를 입을 수 있다.

3. 무조건 무거운 형벌을 준다고 해서 범죄 예방이 되는 것은 아니다. 자칫 무거운 형벌이 모든 범죄를 예방할 수 있다는 형벌만능주의에 빠져 사회 전체가 공포로 운영되는 야만적인 국가로 바뀔 수 있다.

범죄자 신상 공개 제도는 오늘날 우리나라를 비롯한 여러 국가에서 몇몇 중대한 범죄에 한해 제한적으로 시행되고 있습니다. 범죄자의 신상 공개를 통해 일반 사람들이 주의를 기울임으로써 추가 범죄를 예방하고, 범죄자에게 망신을 줌으로써 범죄를 사전에 방지할 수 있다고 생각하기 때문입니다. 하지만 범죄자 신상 공개가 가지는 이익에 비해 좋지 않은 효과가 더 많다고 생각하는 사람들도 많습니다. 범죄를 예방하기 위한 수단으로 범죄자의 신상을 공개하는 것은 사람을 목적이 아닌 수단으로 여겨 인간의 존엄성을 해치는 것도 사실입니다.

  신상 공개 제도는 그 효과와 문제점에 대해 앞으로 더욱 활발히 이야기되어야 할 문제입니다.

 깊이 생각해 보기

① 처음 보는 사람이 범죄자라는 것을 알게 되면 어떤 생각이 들까?
② 범죄자의 인권은 어디까지 지켜져야 할까?

내 생명은 온전히
나의 것일까?

 시원한 바람이 솔솔 불어오는 아침이었다. 설레는 얼굴로 교실에 들어오는 은경이를 보며 성연이가 씩 웃었다.
 "너 수학여행 간다고 잠 한숨도 못 잤구나."
 "헛! 그걸 어떻게 알았어?"
 은경이는 놀라며 가방을 내려놓았다.
 "척 보면 척척박사지. 너 눈이 퉁퉁 부었어."
 은경이가 쑥스러운 듯 머리를 긁적거렸다.
 "친구들이랑 가는 여행은 이게 처음이야. 얼마나 기대되는지 며칠 전부터 잠을 설쳤다니까."
 "사실은 나도 시골 할머니네 집 가는 거 빼고는 이런 여행 처음이야."

성연이가 혀를 쏙 내밀더니 쌩긋 웃었다.

"그럼 우리 수학여행 가서 진짜 신나게 놀자!"

은경이의 말에 성연이가 고개를 끄덕거리는데 뒤에서 '쿵' 하는 소리가 났다. 뒤돌아보니 종현이가 의자에 올라섰다가 뛰어내리는 소리였다.

"야! 너 위험하게 뭐 하는 짓이야."

은경이가 소리치는데도 종현이는 손가락으로 브이를 그리며 웃었다.

"이게 얼마나 스릴 있고 재미있는데."

"넌 재미있다고 하면 호랑이도 타고 달리겠다."

"뭐, 못 할 것도 없지."

짓궂은 종현이의 대답에 은경이는 질렸다는 듯 고개를 저으며 돌아앉았다. 처음 가는 수학여행에 모두들 들떠서 교실 안이 시끌시끌했다. 선생님이 들어와서 주의를 줘도 조용해지지 않았다.

"너희들, 진짜 이렇게 떠들면 수학여행이고 뭐고 여기서 끝내고 다 집으로 보낸다."

선생님이 큰소리를 내고서야 교실 안은 조용해졌다.

"수학여행 두 번만 가면 선생님 살이 쭉쭉 빠지겠다."

"와! 그럼 좋은 거잖아요!"

종현이의 말에 교실 안이 웃음바다가 됐다.

"어휴, 종현이 너를 누가 말리겠니. 내가 졌다. 하여튼 운동장에 버스가 대기 중이니 1모둠부터 순서대로 나가서 버스를 타도록 해. 5학년 2반이라고 적힌 버스에 타면 된다."

아이들이 버스에 올라타기 시작했다. 다른 반 아이들도 모두 설레는 얼굴들이었다. 반장인 은경이는 같은 반 친구들이 버스에 다 올라타는 걸 뒤에서 기다렸다 제일 마지막에 탔다.

"선생님은 교무실에 들렀다가 오신대. 다들 앉아서 안전벨트 하고 기다리래."

은경이의 말에 아이들은 저마다 자리에 있는 안전벨트를 착용하기 시작했다. 하지만 종현이만은 달랐다. 종현이는 은경이의 말을 못 들은 사람처럼 딴짓만 하고 있었다. 가만히 지켜보던 은경이가 종현이에게 다가갔다.

"종현이 넌 왜 안전벨트를 안 하니?"

종현이는 귀찮다는 듯 은경이를 힐끔 쳐다보았다.

"그걸 뭐 하러 해. 움직이기만 불편하잖아."

"선생님이 하라고 했다니까."

"선생님이 하라 그러면 무조건 다 따라야 해?"

은경이는 답답하다는 듯 한숨을 내쉬었다.

"누가 그렇다고 했니? 위험하니까 하라는 거잖아."

"뭐가 위험하다는 거야. 어차피 사고 나면 다 위험해. 난 답답한 건 딱 질색이야."

종현이는 은경이의 말에 콧방귀를 뀌었다.

"야! 사고 나면 너만 손해야. 다치는 건 너라고. 텔레비전에서 안전벨트 실험하는 것도 못 봤어? 안전벨트를 안 한 사람은 사고 났을 때 다칠 확률이 높아."

결국 참다못한 은경이의 목소리가 높아졌다. 하지만 종현이도 지지 않는 건 마찬가지였다.

"내가 안전벨트 안 한다고 네가 다치는 건 아니잖아. 남한테 피해 주는 것도 아니고 말이야. 안전벨트 안 매서 다쳐도 내가 다치는 거니까 넌 상관하지 마."

"나도 이제 몰라. 네 맘대로 해!"

종현이는 쐐기를 박으려는 듯 둘의 말다툼을 지켜보던 친구들에게 자기 생각을 이야기하기 시작했다.

사람은 법을 어기거나 누구한테 피해를 주는 일이 아니라면 자기의 일을 스스로 정할 자유가 있어. 내가 싫어하는 마늘이나 브로콜리를 안 먹고 좋아하는 햄버거를 먹는 것처럼 말이야. 내 몸을 내 마음대로 하겠다는데 뭐가 문제야?

은경 싫어하는 걸 안 해도 되는 건 맞아. 하지만 사람은 혼자 사는 게 아니라 다른 사람과 함께 살아가. 그게 사회라는 거지. 남들과 함께 살려면 자기 마음대로만 할 수 없고 서로 조금씩 양보해야 해. 누군가가 위험해지지 않도록 다른 사람이 도움을 주거나 간섭하는 것도 필요해.

상혁 그런데 그 사람이 도움받기를 원하지 않으면 어떡하지? 가끔 신문을 보면 스스로 위험한 삶을 사는 사람들이 있더라. 에베레스트산에 오르거나 번지점프를 하는 사람들 말이야. 그럼 그 사람들도 위험한 행동 하지 말라고 사회에서 간섭해야 하나?

성연 그 사람들은 스스로 자신의 삶을 망치려는 게 아니라 안전장치를 마련하고 행동하는 거잖아. 하지만 안전벨트를 매지 않거나 도박을 하는 것처럼 스스로 자신에게 해를 끼치는 행동을 할 땐 사회에서 간섭할 수 있지.

지은 그래도 자기가 책임을 지겠다면 어쩔 수 없는 게 아닐까? 어떤 행동이 옳고 그른지 판단하는 건 결국 자기 자신이니까. 만일 사회가 정한 게 옳다고 무조건 따르라고 한다면 사회는 절대로 변하지 않을 거야. 세상이 지금처럼 좋아지게 된 건 관습을 당연하게 여기지 않은 용기 있는 사람들 때문이라고.

경민 자기가 책임을 진다고 해서 아무 행동이나 다 용서된다면 누구도 사회의 규칙을 지키지 않는 분위기가 생길지 몰라. 도박을 해도 괜찮다고 하면 사람들은 일을 하지 않고 일확천금만 꿈꾸다 망해 갈걸?

그때 선생님이 버스에 올라왔다. 아이들이 다 탔는지 확인하던 선생님은 종현이가 안전벨트를 매지 않은 걸 보았다.

"종현이, 너 왜 안전벨트 안 했니?"

그러자 종현이는 지금까지 아이들과 했던 이야기를 선생님께 말씀드렸다. 종현이의 말을 들은 선생님은 입가에 빙그레 미소를 지으며 말했다.

"자기의 몸은 자기가 책임지면 된다니 매우 흥미로운 이야기구나. 하지만 안전벨트는 꼭 해야 된단다. 왜냐면 안전벨트를 매지 않는 건 브로콜리를 안 먹는 것처럼 남에게 피해를 주지 않는 행동이 아니라, 혹시 사고가 났을 때 몸이 튀어나가 다른 사람을 다치게 할 수 있는 행동이거든. 안전벨트는 혼자만의 문제가 아니라 모두를 위한 거란다. 알았지?"

"네!"

미소를 띤 선생님의 말에 종현이는 크게 대답을 하고 안전벨트를 단단하게 매었다.

논쟁_안락사

죽음의 의사와 안락사

    사람들이 한창 바쁘게 새로운 세기를 준비하던 1999년 봄. 미국 미시건 주에서 잭 케보키언이라는 이름의 의사가 살인죄로 기소되어 법정에 섰습니다. 아픈 사람을 구하는 의사가 어떻게 해서 살인자가 된 것일까요? 이유는 이렇습니다. 케보키언은 사람의 병을 치료하는 대신 '타나트론(그리스어로 죽음의 기계라는 뜻)'이라는 기계를 발명하여 불치병이나 난치병을 앓는 환자가 스스로 목숨을 끊도록 도움을 주었기 때문입니다.

    이처럼 병이 주는 고통으로부터 벗어나기 위해 의학의 도움을 받아 스스로 목숨을 끊는 행동을 '안락사'라 합니다. 케보키언은 환자의 부탁을 받아 안락사를 시행하는 의사였습니다. 케보키언의 도움으로 죽음에 이른 사람의 수는

무려 130여 명이나 되었습니다. 케보키언의 별명인 '죽음의 의사'라는 말은 여기서 유래한 것입니다.

사건에 연루된 사람들의 숫자가 워낙 많다 보니 전 세계의 이목이 온통 케보키언의 재판에 집중되었습니다. 케보키언과 안락사 합법화를 지지하는 사람들은

1. 사람은 자유롭게 행동할 권리가 있으므로 다른 사람에게 피해를 주지 않는 한 무제한으로 자유로워야 한다. 스스로 자신의 몸을 해하거나 위험한 행동을 한다 해도 간섭하는 것은 옳지 않다.

2. 사람의 생명 또한 자기의 것이므로 모든 사람은 자신의 생명에 대해 스스로 결정할 권리를 가지고 있다.

3. 극심한 고통에 시달리는 사람을 그대로 살게 내버려 두는 것은 오히려 인간의 존엄성에 반한다.

라는 이유로 안락사가 잘못된 것이 아니라고 주장하였습니다. 하지만 이에 반대하는 측은

1. 사람은 혼자 사는 것이 아니라 사회 공동체 안에서 생활한다. 따라서 사회 공동체는 인간의 존엄을 해치지 않는 범위 안에서 공동체 전체를 위해

 개인의 자유를 제한할 수 있으며, 또한 공동체는 개인이 보호를 원하지 않아도 그를 보호할 의무가 있다.

2. 생명은 인간의 존엄성을 위해 어떤 경우에도 훼손되거나 버려질 수 없는 최고의 가치이다. 만약 스스로 생명을 버리는 것을 정당화한다면 공동체 내부에 생명 경시 풍조가 생겨날 수 있다.

3. 안락사를 허용한다면 순간적인 고통이나 잘못된 판단에 의한 오용 또는 남용의 가능성이 있으며, 심지어 범죄에 이용될 수도 있다.

라는 이유를 들어 반대하였습니다.

안락사를 지지하는 사람들의 주장과 이에 반대하는 사람들의 주장은 지금도 세계 각지에서 팽팽히 대립하고 있습니다. 우리나라의 경우 안락사를 허용하지 않지만 난치병이나 불치병에 걸린 사람들에게 안락사를 허용하는 국가도 있습니다. 하지만 이 경우에도 고통이 견딜 수 없을 만큼 심하며, 환자가 이성적인 판단으로 안락사에 동의할 경우에만 제한적으로 허용되고 있습니다.

『슬픔이여 안녕』, 『브람스를 좋아하세요…』라는 작품을 쓴 프랑스의 유명한 소설가 프랑수아즈 사강은 마약 사건으로 법정에 섰을 때 "남에게 해를 끼치지 않는 한 나는 나를 파괴할 권리가 있다."고 외쳤습니다. 자신의 운명은 자신이 결정할 수 있다는 이야기입니다.

　기본적으로 사람은 자유로운 존재이므로 누구나 자신의 생각과 사상을 바탕으로 자신의 행동을 스스로 결정할 수 있습니다. 그러나 사람은 무리를 지어 사는 사회적 동물로서 사회로부터 완전히 분리되어 행동할 수 없는 존재이기도 합니다. 국가가 사람들에게 마약이나 도박을 하지 못하게 하는 이유도 여기에 있습니다. 여러분은 어떻게 생각하나요?

 깊이 생각해 보기

① 어른과 달리 어린이나 청소년의 흡연과 음주를 금지하는 이유는 무엇일까?
② 국가가 절대로 가지 말라는 장소에 간 사람이 위험에 빠졌을 때 그 사람을 구조해야 할까?

CCTV는 확대되어야 할까?

　며칠 동안 내린 비 때문에 온 세상이 축축하게 젖어 있었다. 등교하는 아이들의 표정도 우중충했다.
　"아으, 온몸에 곰팡이가 필 거 같아. 언제쯤이면 해를 볼 수 있는 거야."
　종현이가 우산을 마구 털며 투덜거렸다.
　"야! 너 우산을 그렇게 막 털면 어떻게 해! 사방에 빗물이 튀잖아!"
　은경이가 소리치자 종현이는 뒤돌아보며 미안한 듯 머리를 긁적거렸다.
　"에이, 아무도 없는 줄 알았더니, 왜 하필 지금 들어오냐."
　"혼자 있을 때도 좀 잘하면 안 되니? 가뜩이나 축축해서 뭐든지 꾹 짜면 물이 뚝뚝 떨어질 것 같은데 뭐 하는 짓이야. 너 같은 사람들 감시하는 카메라라도 있으면 좋겠다."

은경이는 고개를 절레절레 흔들더니 냉랭하게 교실로 향했다.

"야! 아무리 그래도 그건 좀 심했다."

종현이도 서운한 듯 시큰둥한 표정으로 따라 들어갔다. 둘이 막 자리에 앉으려는데 경민이가 헐레벌떡 들어오며 아이들에게 말했다.

"옆에 유안초등학교 얘기 들었어? 거기 어제 난리 났었대. 6학년 형들이 교실에서 싸우다가 선생님한테 걸렸는데, 한 명은 코뼈까지 부러졌대. 얼굴이 얼마나 팅팅 부었는지 알아보기도 힘들 정도래."

책벌레 상혁이도 읽고 있던 책에서 눈을 떼고 알은체했다.

"나도 들었어. 맞은 형 엄마가 너무 화가 나서 때린 형을 신고했대. 그래

서 경찰까지 출동했다던데."

은경이가 가방을 풀며 한마디 거들었다.

"그런데 알고 보니까 때린 오빠도 옆구리가 아파서 병원에 갔더니 갈비뼈에 금이 갔다던걸. 결국 둘 다 엄청나게 다친 거야."

"지금 다른 학교를 걱정할 게 아니야! 요즘 우리 학교도 장난 아니라고."

경민이가 걱정스럽다는 듯 조심스럽게 입을 열었다.

"우리 학교는 왜?"

은경이가 고개를 갸웃거리자 종현이가 슬쩍 끼어들었다.

"반장은 다른 학교 소식은 알아도 우리 학교 소식은 깜깜이구나. 저번 주에 우리 학교에서도 두 번이나 싸움이 나서 얼마나 시끄러웠는데."

"모를 수도 있지. 그런데 정말 우리 학교에서도 싸움이 났단 말이야?"

종현이의 말에 은경이의 두 눈이 동그랗게 커졌다.

"응, 두 번 다 학교 화장실에서 그랬다나 봐. 그래서 선생님들도 늦게 알았대. 한 명은 화장실 문에 부딪쳐서 눈가에 커다란 멍까지 들었대."

멍이 들었다는 말에 성연이가 눈가를 만지작거리다가 얼굴을 찌푸렸다.

"요즘 매일 비가 와서 다들 짜증 나나 봐. 나만 해도 하루에 두 번은 옷을 갈아입는 거 같아. 나갔다 하면 비에 젖으니까……. 정말 귀찮다니까."

은경이의 말에 경민이가 심각한 얼굴로 고개를 저었다.

"우리 엄마가 그러는데 사람이 살면서 언제나 좋을 수만은 없대. 좋은 날도 있고 짜증 나는 날도 있는 법이래. 그렇다고 자기 맘대로 하거나 남하고 싸움을 벌인다면 이 세상은 엉망진창이 될 거야. 비가 많이 와서 짜증이 난다고 싸움을 한다니, 그건 말도 안 돼."

"하긴 짜증 날 때마다 싸우면 나는 하루에 한 열 번은 싸울 거야. 내가 원래 좀 거친 남자잖아."

종현이의 말에 반 아이들이 웃음을 터뜨렸다. 잠시 뒤, 교실 문이 열리며 선생님이 들어왔다. 떠들던 아이들이 모두 자리에 앉았다. 선생님은 평소와는 다르게 가라앉은 목소리로 입을 열었다.

"너희들도 알지 모르겠지만 어제 옆 학교에서 큰 싸움이 났어. 둘 다 다쳐서 당분간 학교에도 나오기 힘들다더구나. 그뿐만 아니라 요즘 우리 학교에서도 크고 작은 싸움들이 있었어. 다행히 크게 다친 아이는 나오지 않았지만 정말 걱정인 건 앞으로도 그런 일들이 또 일어날지 모른다는 거야. 혹시라도 큰 사고로 이어지면 아이들뿐만 아니라 부모님과 친구들에게 씻을 수 없는 상처가 될 게 분명하지. 그래서 학부모와 교사 회의를 통해 다음 주부터 학교에 CCTV를 설치하기로 했단다. 위험한 일은 미리 예방하자는 거니까 너희들도 그렇게 이해해 주면 좋겠구나."

선생님이 교실 밖으로 나가기 무섭게 아이들이 수군대기 시작했다. 어떤 아이는 기뻐하는 얼굴이었고, 어떤 아이는 화가 난 얼굴이었다.

"아직 어리지만 우리에게도 사생활이 있다고."

경민이가 큰 소리로 불만을 터뜨리자 아이들 몇몇이 따라서 고개를 끄덕거렸다. 그때 잠자코 있던 상혁이의 목소리가 들렸다.

"난 CCTV 설치하는 데 별로 불만 없어."

"상혁이 너 지금 거짓말 같은 그 말 진심이야?"

상혁이의 뜻밖의 말에 성연이가 놀라서 되물었다.

"응!"

"너 평소에 책도 정말 많이 읽는 애가 지금은 너무 단순하게 생각하는 거 아냐?"

이번에는 은경이가 상혁이에게 물었다. 하지만 대답은 상혁이가 아니라 지은이에게서 나왔다.

"그렇게 생각할 수도 있지."

"그렇게 생각하는 이유가 뭔데?"

은경이가 답답한 듯이 묻자 옆에서 보고 있던 종현이도 끼어들었다.

"그건 내가 대답해도 될까?"

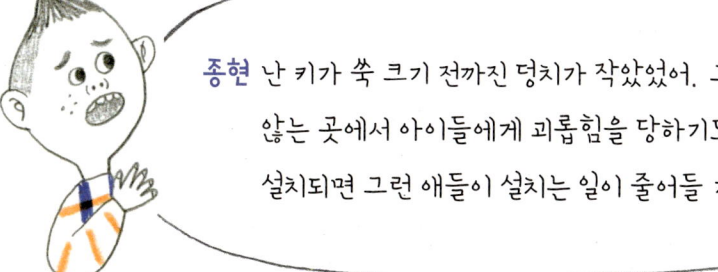

종현 난 키가 쑥 크기 전까진 덩치가 작았었어. 그래서 잘 보이지 않는 곳에서 아이들에게 괴롭힘을 당하기도 했어. CCTV가 설치되면 그런 애들이 설치는 일이 줄어들 거야.

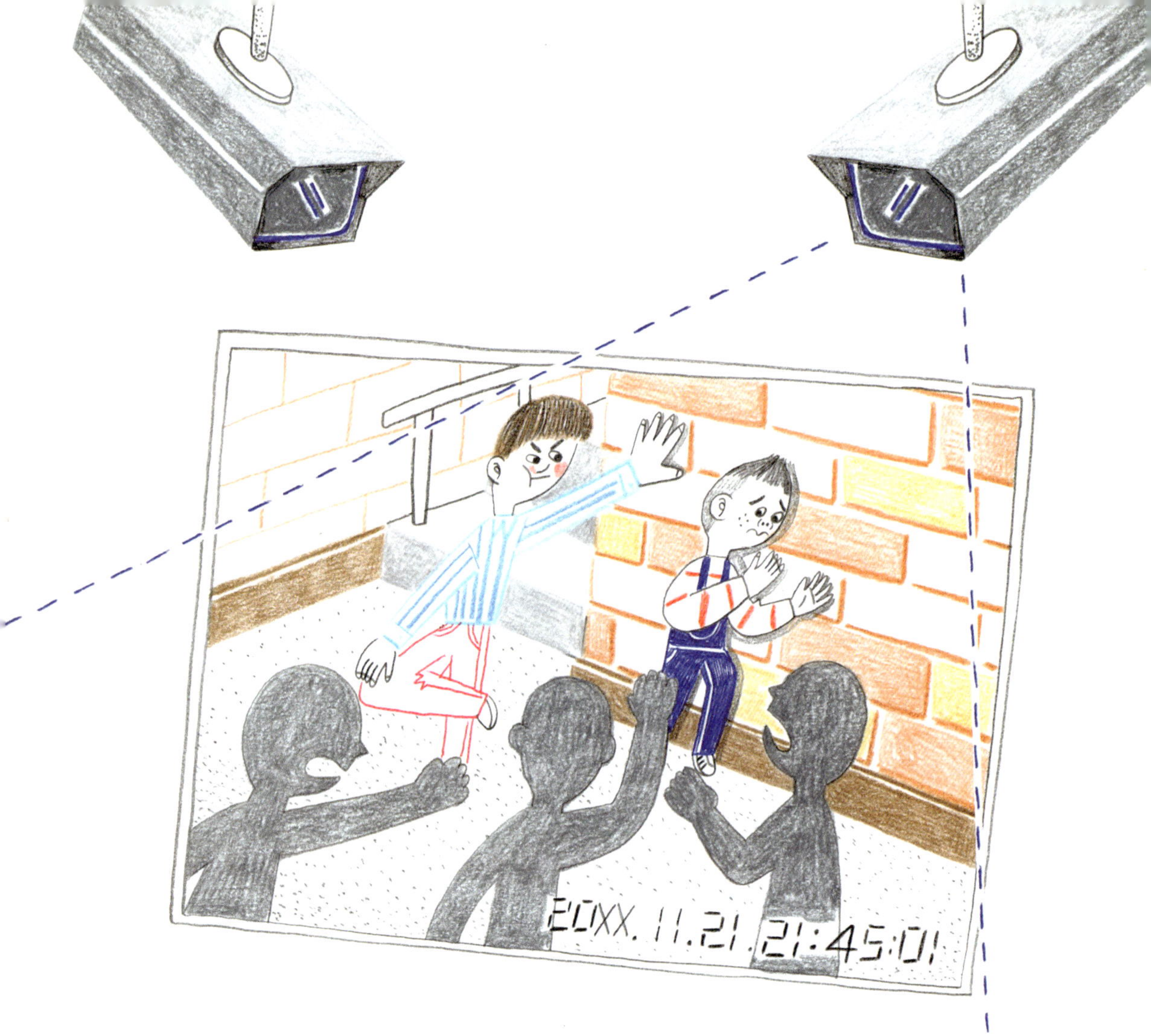

은경 물론 CCTV가 나쁜 행동들을 줄어들게 할 수는 있어. 하지만 세상에 공짜는 없다고. 그 대가로 우리가 생활하는 게 전부 남에게 보이게 될지도 몰라. 몰래 숨어서 코를 파는 것도 걸릴걸? 너도 아까 내가 카메라 얘기했을 때 화냈잖아!

지은 사생활을 들키고 싶은 사람은 없어. 하지만 CCTV는 사건이 생길 때만 확인해 보잖아. 그러니까 나쁜 짓만 하지 않으면 그렇게 걱정할 필요는 없을 거야.

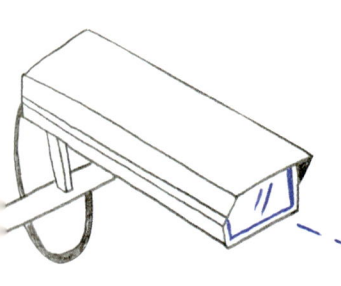
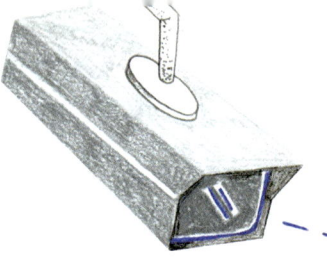

경진 네가 한 행동이 착한 짓인지 나쁜 짓인지는 중요한 문제가 아니야. 진짜 문제는 네가 어떤 사람인지 상관없이 CCTV가 무조건 너를 찍는다는 거지. 그러니까 CCTV에게 우리 모두는 언제든지 나쁜 짓을 저지를지도 모르는 사람이란 거야. 게다가 CCTV에 찍힌 모습이 잘못해서 인터넷에 떠돌아다닌다고 생각해 봐. 누군지도 모르는 사람이 네 모습을 쳐다보고 비웃거나 나쁘게 말하면 좋겠어?

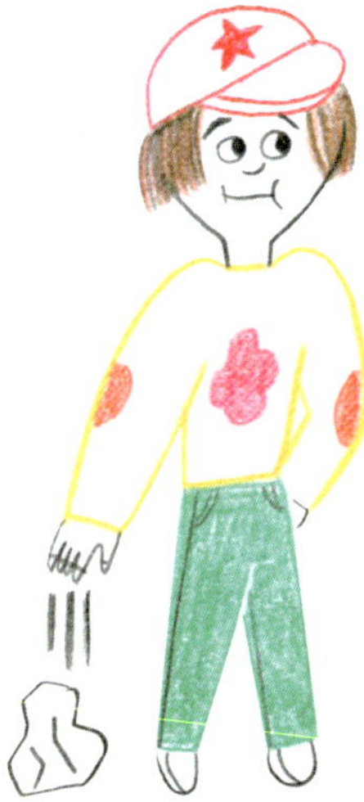

상혁 네 말대로 사생활은 소중해. 하지만 안전보다 중요하지는 않아. CCTV가 생겨 학교에서 싸움이 줄어들고 왕따가 줄어들 수 있다면 사생활의 비밀은 조금 포기할 수 있어. 난 그것만으로 충분하다고 생각해. 안전을 위해서라면 그 정도는 참을 수 있어.

성연 그게 정말 참을 수 있는 걸까? 지금 네가 무엇을 하고 있는지 항상 보고 있는 눈이 있다는 게? CCTV가 늘 나를 보고 있다고 생각하면 나도 모르게 스스로 내 행동을 신경 쓰게 되고 남을 의식하면서 생활하게 될지도 몰라.

일주일이 지나 학교 안 곳곳에는 CCTV가 설치되었다. 그 후 한 달쯤 지나자 학교 안에서 일어나는 싸움은 많이 줄어들게 되었다. 교칙을 어기다 CCTV에 찍혀 혼이 난 아이들이 생기자 아이들은 함부로 휴지를 버리지 않았고, 복도에서 뛰는 일도 줄었다. 아이들은 교내를 걸어가면서 온통 CCTV 이야기만 했다. 하지만 의견은 각자 달랐다. 어떤 아이들은 학교가 안전하고 깔끔해져서 좋다고 했고 어떤 아이들은 걸어갈 때마다 감시당하는 것 같아서 불편하고 기분 나쁘다고 했다. 성연이네 반도 마찬가지였다.

"거봐! 우리 말이 맞잖아. 이게 CCTV 효과라고."

"휴, 넌 참 단순하게 살아서 좋겠다. 감시당하는 게 안 불편해?"

종현이가 어깨를 으쓱대며 의기양양하게 말하자 성연이가 한숨을 쉬며 핀잔을 주었다.

"그건 어쩔 수 없지. 그래도 싸움도 없어지고 나쁜 일들도 줄어들었잖아."

"그게 진짜 없어진 걸까? CCTV가 없는 학교 근처 골목에서 싸우는 아이들이 늘었다는 소리도 못 들었어?"

성연이의 말에 종현이가 뻔한 걸 왜 묻느냐는 말투로 말했다.

"그럼 거기도 CCTV 설치하면 되지."

"어휴, 됐다. 네 말대로 하려면 우리나라 땅 전부에 CCTV를 설치해야 되겠네."

논쟁__CCTV

『1984년』과 감시 사회

　CCTV는 제2차 세계 대전이 한참 벌어지고 있던 독일에서 사람이 직접 볼 수 없는 중요한 로켓 발사 실험을 관찰하기 위한 군사용 목적으로 처음 사용되었습니다. 당시에는 보통 사람들이 CCTV와 마주하는 것이 흔한 일은 아니었습니다. 하지만 오늘날, 우리 주변에서 CCTV를 찾는 것은 더 이상 어려운 일이 아닙니다. 우리가 매일 타고 다니는 지하철과 버스, 사람들이 많이 모이는 백화점이나 병원, 학교나 관공서를 비롯하여 거리의 골목 구석구석에도 CCTV가 설치되어 있습니다. 2010년 국가 인권 위원회가 제시한 통계에 따르면 서울에 사는 사람들은 하루 평균 대략 83.7회 정도 CCTV에 자신의 모습이 찍힌다고 합니다. 우리나라는 영국과 함께 세계에서 CCTV가 가장 많이 설치

2013 보스턴 마라톤 대회 결승선 부근에서 폭발 사건이 일어난 직후의 현장 사진.

된 나라입니다.

　군사용이었던 CCTV가 이렇게나 많이 설치된 까닭은 무엇일까요? 범죄를 예방하고, 범죄자를 체포하는 데 CCTV가 큰 도움을 주기 때문입니다. 예를 들어 볼까요. 2013년 세계 마라톤 대회가 열리던 미국의 도시 보스턴에서는 선수들을 응원하기 위해 수많은 사람들이 거리에 나와 있었습니다. 그때 '쾅' 하는 소리와 함께 폭탄이 터졌고, 사람들이 피를 흘리며 쓰러졌습니다. 폭탄을 터트린 범인은 혼란 속에서 2만 7천여 명의 사람들 사이로 숨어 어디론가 사라졌습니다.

　그렇게 미궁으로 끝날 것 같았던 사건은 5일 후 간단하게 해결되었습니다. 쓰레기통에 폭탄이 담긴 배낭을 넣는 남자의 모습이 사건 현장 근처 CCTV에 찍혔기 때문입니다. 경찰은 CCTV 화면을 단서로 범인을 추적하였고, 체포된 범인은 결국 사형을 선고받았습니다. CCTV가 없었다면 해결이 매우 어려웠던 사건이라는 것은 굳이 더 말할 필요가 없겠지요. 다른 범죄들도 마찬가지입니다. CCTV가 가지는 장점은 여기에 있습니다.

1. CCTV는 목격자가 없는 범죄의 증거를 찾을 수 있는 유용한 수단이다. 특히 인적이 드문 곳에서 벌어지는 범죄는 CCTV가 최고의 증거가 될 수 있다.

2. CCTV는 범죄 예방에도 큰 효과가 있다. 대개의 범죄자는 자신의 범죄가 들키지 않을 것이라 믿고 범죄를 저지르지만 곳곳에 CCTV가 설치되었다는 것을 알면 범죄를 저지르지 않을 가능성이 높아진다.

3. CCTV를 통해 사람들의 행동 방식을 분석하면 사람들의 편의를 위한 다양한 정책을 펼 수 있다.

하지만 이러한 장점에도 불구하고 CCTV는 심각한 문제점을 함께 가지고 있습니다.

1. CCTV는 범죄자와 일반인을 구분하지 않고 촬영한다. 이 때문에 죄없는 일반 사람들의 사생활을 심각하게 침해할 우려가 있다.

2. 항상 자신을 살피는 누군가의 시선을 의식해야 하기에 사람들의 행동이 위축될 수 있다. 누군가가 자신을 보고 있다고 생각하면 행동이 조심스러워지는 것은 당연한 일이다.

3. CCTV를 통해 얻어진 정보는 범죄 예방과 관계없는 다른 목적, 예컨대 정치적 목적으로 사용되어 사람들의 자유를 제한할 수 있다. 또한 정보가 고의나 실수로 유출될 경우 다른 범죄에 이용될 수도 있다.

1948년, 영국의 작가 조지 오웰은 소설 『1984년』에서 지금의 CCTV와 유사한 장치인 '텔레스크린'을 통한 미래 감시 사회를 예견하였습니다. 텔레스크린 때문에 모든 행동을 통제받고 무기력하게 살아가는 소설 속 사람들의 모습은 감시 사회가 가져다주는 폐해를 잘 보여 줍니다. 감시 사회 속에서 사람들은 자신의 개성을 잃고 무기력하게 살아갑니다. 그러나 CCTV 덕분에 나아지는 것도 분명히 있습니다. 점점 교묘하고 흉포해지는 강력 범죄를 생각할 때 CCTV 확대가 사람들의 안전에 어느 정도 도움이 되는 것은 사실입니다.

　안전하게 살아갈 권리와 사생활을 침해당하지 않을 권리는 동등하게 지켜져야 할 소중한 가치입니다. 그러므로 정말 필요하고 중요한 곳에 CCTV를 설치하되 CCTV로 얻은 정보는 법으로 정한 정당한 목적 외에는 절대로 사용해서는 안 된다는 것을 기억해야 합니다. 또한 CCTV를 설치하는 사람들이 그를 통해 무엇을 감시하는지 살피는 것도 시민의 중요한 역할임을 잊지 말아야 합니다.

 깊이 생각해 보기

① 모든 자동차에 블랙박스를 다는 것은 어떤 효과가 있을까?
② 스마트폰으로 사람들이 다니는 거리의 풍경을 촬영하는 것은 어떤 문제를 일으킬 수 있을까?

모두 똑같은 교육을 받아야 할까?

 따뜻한 토요일 오후였다. 상혁이와 은경이는 경민이가 알려 준 떡볶이 가게를 찾아다니고 있었다. 그런데 한참을 찾아도 가게가 보이지 않았다. 떡볶이 가게가 있다는 시장 안쪽의 골목이 너무 복잡했다.
 "야, 이상혁! 빨리 못 걸어?"
 "보면 몰라? 등이 다 젖게 걷고 있잖아. 지금 최선을 다해 빨리 걷는 거라고."
 둘은 한참을 티격태격하다가 간신히 시장 한 귀퉁이에 있는 떡볶이 가게의 간판을 찾아냈다. 그런데 이른 시간인데도 아저씨가 가게 문을 닫고 있었다. 둘은 눈빛 교환 후 동시에 있는 힘을 다해 떡볶이 가게로 뛰어갔다.
 "아저씨! 잠깐만요!"

숨을 헐떡거리며 은경이가 떡볶이 가게 아저씨를 불렀다.

"왜 그러는 거니?"

아저씨는 무슨 일이냐는 듯이 은경이를 쳐다보며 물었다.

"아저씨, 혹시 떡볶이 다 팔렸나요?"

"아! 너희들도 떡볶이 먹으러 왔구나. 어쩌면 좋니. 떡볶이가 다 팔렸단다."

아저씨는 숨이 턱까지 찬 아이들을 보며 안타깝다는 표정으로 말했다.

"아…… 안 되는데……. 아저씨, 저희 이거 먹으려고 정말 멀리서 왔단 말이에요."

상혁이가 울먹이는 듯한 소리를 내자 아저씨가 알았다는 듯이 고개를 끄덕였다.

"원 녀석도, 어지간히 먹고 싶은 게로구나. 어쩔 수 없지. 그렇게 먹고 싶다면 내가 해 줘야지 어쩌겠니. 지금 만들어 줄 테니 기다릴 수 있니?"

"네!"

아저씨가 웃으며 묻자 상혁이와 은경이는 입을 모아 대답했다. 떡볶이가 나오길 기다리는데 멀리 성연이와 종현이가 가방을 메고 어디론가 향하는 모습이 보였다. 반가운 마음에 은경이는 손까지 흔들며 큰 소리로 성연이를 불렀다.

"성연아! 여기 좀 봐."

자신을 부르는 소리에 성연이가 고개를 돌렸다. 성연이와 종현이는 잠시 속닥거리더니 친구들이 있는 곳으로 다가왔다.

"너네도 떡볶이 먹을래?"

"좋아! 근데 지금 시간이 없어서 금방 일어나야 할 것 같아."

"어디 가는데?"

학교를 가지 않는 날인데도 바쁘다는 말에 상혁이가 눈을 크게 뜨며 물었다.

"우리 지금 수학 학원 가."

"토요일인데도 학원 가는 거야?"

"응. 수학 경시대회가 얼마 안 남았잖아. 오늘은 시험 대비 특별 수업을 하기로 했어."

"성연아!"

특별 수업을 받으러 가야 한다는 성연이의 말에 종현이가 맞장구치며 말했다.

"학원 가는 거 너무 귀찮아. 학교에서 매일 쉬운 것만 가르치지 말고 경시대회 문제나 가르쳐 주면 얼마나 좋아. 그러면 토요일에 학원 안 가고 쉴 수 있을 텐데."

"그건 네 사정이지! 우리 학교 애들이 다 경시대회 나가는 것도 아닌데, 너 하나 때문에 모두 어려운 문제를 풀 필요는 없는 거 아냐?"

상혁이가 뚱한 표정으로 말하자 종현이가 입을 삐죽이며 열변을 토하기 시작했다.

"그러면 경시대회 나가고 싶어 하는 애들만 다니는 학교랑 너처럼 공부하기 싫은 애들만 다니는 학교를 따로 만들면 되겠네."

실력에 맞춰 학교를 따로 다니자는 종현이의 말에 은경이의 얼굴이 찌푸려졌다.

"야! 그걸 지금 말이라고 해?"

"그럼 말이지, 이게 강아지냐?"

"어휴, 진짜!"

종현이의 장난스러운 대답에 은경이가 화를 내자 성연이가 두 사람을 말렸다.

"그렇게 화내지 말고 천천히 이야기해 보는 게 어때? 말로 해서 안 들을 종현이도 아니잖아."

은경 공부를 잘하고 못하고로 학교를 나누면 왠지 기분이 나쁘지 않아? 차별받는 거 같고 말이야. 학교라는 게 공부만 하러 가는 곳은 아니잖아. 친구들 만나서 놀기도 해야지. 성연아! 너도 그렇지?

성연 아니! 미안한데 솔직히 이야기하자면 난 수업 시간에 자꾸 딴짓을 하게 돼. 수업이 너무 쉬워서. 그런데 더 웃긴 거 말해 줄까? 우리 반 꼴찌 민성이도 수업 시간에 딴짓한다는 거야. 걔는 그 수업이 너무 어려운 거지. 공부를 잘하는 애도, 공부를 못하는 애도 딴짓할 바엔 그냥 수준별로 다른 학교를 다니는 게 낫지 않아?

상혁 그건 아닌 것 같아. 그렇게 되면 실력 없는 애들이랑 잘하는 애들이랑 차이가 너무 벌어지잖아. 네 말대로라면 공부 잘하는 사람은 계속 잘하게 되고 못하는 사람은 계속 못하게 돼. 점점 더 따라잡기 어려워진다고. 학원에라도 다녀서 성적을 올리고 싶지만 형편이 어려운 친구들도 많아.

성연 그래. 상혁이 네 말대로 학교에서 가르쳐 주지 않는 어려운 공부는 학원에서 배워야 해. 그런데 말이야, 정말 어려운 공부를 하고 싶은데 돈이 없는 아이들은 어떡하지? 그 아이들을 위해서라도 어려운 수업을 가르쳐 주는 학교가 필요하지 않을까?

> 그게 어때서? 아무리 어렵다고 하더라도 내가 하고 싶은 공부를 하겠다는 게 잘못이야? 공부하고 싶다는 게 무슨 나쁜 짓을 하는 것도 아니고 말이야. 어른들은 매일 공부 열심히 해야 한다고 하면서 공부 잘하는 애들끼리 정말 열심히 하려고 하는 걸 막는 게 이상하지 않아?

종현

흥분한 종현이의 말에 상혁이가 반박하려고 하는 순간, 아이들이 잊고 있던 아저씨의 목소리가 들렸다.

"자! 여기 기다리던 떡볶이 나왔다. 그런데 너희들 정말 토론 잘하는구나. 아저씨도 재밌게 들었다. 서비스로 친구들 것까지 조금 더 넣었으니 맛있게 먹고 힘내서 더 이야기하려무나."

접시가 넘치도록 가득 담긴 빨간 떡볶이를 보자 아이들은 무슨 일이 있었냐는 듯 다 같이 환호성을 질렀다.

"와! 아저씨 정말 최고예요."

"난 앞으로 매일 여기만 올 거야!"

입안 가득 떡볶이를 문 채 종현이가 이야기하자 아이들이 모두 웃음을 터뜨렸다.

논쟁__교육 평준화

엿 사건과 평준화

바람이 세차게 불던 1964년 겨울 어느 날이었습니다. 거센 추위에도 불구하고 서울시 교육청 앞에 수많은 학부모들이 모여 시위를 벌이고 있었습니다. 그해 서울시 중학교 입시 문제였던 '밥으로 엿을 만들려고 한다. 만약 엿기름이 없다면 대신 넣어도 좋은 것은 무엇인가?'의 정답에 대해 항의하기 위해서였습니다. 교육청이 내놓은 정답은 '디아스타제'였지만 학부모들은 다른 보기에 있는 '무즙'도 정답이 될 수 있다며 거세게 항의했습니다. 당시에는 중학교도 입학 시험 성적에 따라 붙고 떨어지는 명문 중학교가 있었기 때문에 한 문제 차이가 매우 중요했습니다. 중학 입시에 떨어진 초등학생이 가출하거나 심지어는 스스로 목숨을 끊는 경우도 심심찮게 있었습니다.

학부모들의 시위가 점점 커지자 사건은 재판까지 가게 됩니다. 당시 재판부

는 디아스타제만 정답이고 무즙은 정답이 될 수 없다며 교육청의 손을 들어 주었습니다. 하지만 재판 결과에도 불구하고 학부모들은 포기하지 않고 기어코 무즙으로 직접 엿을 만들어 냈습니다. 학부모들은 무즙으로 만든 엿을 교육청과 법원 벽에 붙인 후에 '엿 먹어라!'라고 외쳤습니다. 이후로 '엿 먹어라'라는 말이 크게 유행하자 법원은 다시 재판을 열어 무즙도 정답으로 인정해 주었습니다. 그 결과 총 38명의 학생이 구제되었습니다.

하지만 또 다른 문제가 발생합니다. 구제받은 학생들이 명문 중학교에 추가로 입학할 때 자격이 되지 않는 학생들도 덩달아 추가 입학을 한 것입니다. 대부분이 사회 고위층의 자녀들이었습니다. 사회를 뒤흔든 엿 사건과 잇따른 입시 부정으로 중학교 입시에 대한 비판이 일어나자 정부는 회의를 열어 기존의 중학교 입시 제도를 폐지하고 추첨으로 학교를 배정하는 중학교 평준화를 결정하였습니다. 이를 반대하는 측은

1. 학생들은 각자의 능력에 따라 다른 교육을 받을 권리가 있다. 학생들의 수준 차이를 고려하지 않고 일괄적으로 가르칠 경우 교육 수준이 떨어질 수 있다.

2. 학생이 수준 높은 교육을 받을지의 여부를 결정하는 것은 국가가 아니라 학생과 학부모의 선택이다.

외고·과학고 등 특수 목적 고등학교와 자립형 사립 고등학교의 일반고 전환을 촉구하는 시위대의 모습.

3. 모든 아이들을 똑같은 수준으로 교육한다면 영재나 천재와 같이 어린 시절부터 뛰어난 인재를 발굴하기 어렵다.

라는 이유로 평준화를 반대하였습니다. 반면 평준화에 찬성하는 측은

1. 국가는 학생들에게 균등한 교육 기회를 제공하여 모든 학생이 똑같이 시작할 수 있는 기회를 주어야 한다. 능력에 따른 교육은 대학교에서 받을 수 있다.

2. 과도한 입시 경쟁 때문에 사교육을 받는 학생들의 학습 부담을 가볍게 하고, 공교육을 살릴 수 있다.

3. 명문 학교와 그렇지 않은 학교로 나눌 경우 학생들이 어린 시절부터 차별 받을 수 있다.

라는 이유로 평준화를 찬성하였습니다.

사회 곳곳에서 벌어진 치열한 논쟁 끝에 마침내 중학교 입시는 폐지되었고 그 후 얼마 되지 않아 고등학교도 평준화가 되었습니다. 하지만 학교 평준화에 대한 논의는 여전히 뜨겁습니다. 현재도 외국어 고등학교와 과학 고등학교처럼 언어나 수학·과학에 특수한 재능을 가지고 있는 학생들을 모집하는 학교들이 있어 고교 평준화 정책과 어울리지 않습니다.

균등한 교육 기회를 보장하고, 자신의 수준에 맞는 교육을 받을 권리는 둘 다 버릴 수 없는 소중한 가치입니다. 두 가지를 조화롭게 공유할 수 있는 방법은 어떤 것이 있을까요? 함께 생각해 보도록 합시다.

 깊이 생각해 보기

① 모든 사람이 균등하게 교육을 받아야 한다면 대학교도 평준화가 필요할까?
② 공부만이 아니라 체육, 음악, 미술, 문학 등에 특별한 재능이 있는 경우 어떤 교육을 받는 것이 좋을까?

인간도 복제할 수 있을까?

어느새 9월이 시작되었지만 날씨는 아직 더웠다. 아이들이 하나둘 땀을 닦으며 교실로 들어섰다. 혜윤이도 터벅터벅 걸어 들어와 자리에 앉았다. 눈 밑은 검고 얼굴도 푸석푸석했다. 혜윤이는 가방에서 필통을 꺼내다 말고 '후!' 하고 한숨을 쉬었다. 생각만 하면 자꾸 마음이 아팠다. 참으려고 해도 잘 되지 않았다. 혜윤이의 한숨은 점심시간까지 계속되었다.

"혜윤아, 무슨 한숨을 그렇게 하루 종일 쉬니? 네 한숨 때문에 땅이 푹 하고 꺼지겠다. 도대체 무슨 일이야?"

장난스러운 말투였지만 성연이는 걱정스러운 얼굴로 물었다. 성연이가 걱정하는 건 이상한 일이 아니었다. 친구들이 모두 화내거나 힘들어할 때도 혜윤이는 절대 웃음을 잃지 않는 아이였다. 그래서 선생님이 '웃보'라는 별명을 지어 줄 정도였다.

"별일 아니야. 그냥 조금 힘들어서 그래."

혜윤이가 애써 미소를 지어 보이며 대답했다.

"너랑 같은 반 되고 오늘 같은 얼굴은 처음인데 뭐가 별일이 아니니. 도대체 왜 그래?"

혜윤이의 웃음이 자연스럽지 않자 성연이가 걱정스러운 듯 다시 물었다. 그러자 혜윤이의 눈에 그렁그렁 눈물이 고였다.

"엄마가 다시 병원에 입원해. 지난번에 퇴원했을 때는 많이 좋아졌다고 해서 가족들 모두 다행이라고 좋아했는데……."

"다시 안 좋아지셨나 보구나. 어쩌면 좋니."

성연이는 금방이라도 울 듯한 혜윤이의 손을 꼬옥 잡았다.

"원래 난치병이 그렇대. 금방 좋아지다가도 또 나빠지고, 완전히 낫는 것도 어렵고. 엄마가 걸린 크론병도 그런가 봐. 아파하는 엄마를 보면 나도 같이 아픈 거 같아."

울먹이는 혜윤이를 보며 성연이는 친구로서 해 줄 수 있는 게 없는 것 같아 마음이 아팠다. 옆에서 둘의 이야기를 듣고 있던 은경이도 마찬가지로 마음이 아팠다.

"이따 학교 끝나고 팥빙수 먹으러 가자. 내가 사 줄게. 너 팥빙수 제일 좋아하잖아."

"고마워."

성연이의 말에 혜윤이가 옅게 미소를 지어 보였다. 그때 여자아이들 사이에 상혁이가 끼어들었다.

"남 일 같지가 않다."

"너는 왜?"

갑작스러운 상혁이의 말에 성연이가 고개를 들어 물었다.

"며칠 전에 우리 집 강아지 코비가 교통사고로 죽었거든. 소중한 사람이나 동물이 아파하는 모습을 보는 건 너무 힘든 일이야."

코비가 죽었다는 말에 성연이와 혜윤이도 깜짝 놀랐다. 상혁이네 집에 놀러 가면 붙임성 좋은 코비는 늘 꼬리를 흔들며 반가워했었다. 이젠 더

이상 코비를 볼 수 없다는 상혁이의 말에 아이들의 기분은 더욱 우울해졌다. 그때였다.

"너무 걱정하지 않아도 돼. 괜찮아!"

우울한 분위기 속에서 밝은 목소리가 들리자 아이들은 동시에 목소리의 주인공을 쳐다보았다. 종현이가 입가에 자신만만한 미소를 띠고 아이들을 바라보고 있었다. 성연이는 분위기 파악을 하지 못하는 종현이가 얄미워서 비꼬는 목소리로 말을 건넸다.

"네가 무슨 신이야? 왜 걱정 안 해도 된다는 거야?"

종현이는 성연이의 말에도 화내지 않고 오히려 거드름까지 피우며 웃음을 잃지 않았다.

"쯧쯧! 소식이 늦구만. 내가 어제 뉴스에서 봤는데 복제 기술이 엄청나게 발달해서 이미 죽은 동물도 똑같이 만들 수가 있대."

자신만만한 종현이를 보며 성연이가 되물었다.

"말도 안 돼! 세상에 코비는 하나뿐이야. 겉모습만 똑같이 만든다고 그게 어떻게 코비가 된다는 거야?"

"맞아. 게다가 살아 있는 생명을 복제한다는 건 뭔가 좀 이상해."

성연이의 말에 은경이가 고개를 끄덕이며 동의했다.

"야! 너네 같이 생각하면 과학은 절대 발전하지 못해. 복제가 얼마나 중요한지 알아? 복제가 가능해지면 온갖 희귀 난치병도 다 고칠 수 있다고."

종현이의 말에 혜윤이의 눈이 커졌다.

"정말 복제만 가능하면 난치병도 다 고칠 수 있어?"

"당연하지. 복제를 무조건 나쁘게만 볼 건 아니라고."

"빨리 인간 복제가 가능해지면 좋겠다. 그러면 우리 엄마 병도 다 나을거 아니야."

혜윤이가 혼잣말처럼 중얼거리자 아이들의 이야기를 조용히 듣고 있던 경민이가 조심스럽게 말을 꺼냈다.

"인간 복제는 그렇게 간단하게 이야기할 문제는 아닌 것 같아."

"왜 안 되는데?"

빨리 인간 복제가 되기를 기대하던 혜윤이는 경민이의 말에 화가 났는지 뾰족한 소리로 물었다.

가까운 사람이 장애가 있거나 난치병에 걸린 사람의 심정을 알아? 인간 복제가 허용되면 장기나 몸의 다른 부분을 복제해서 환자와 가족 들이 다시 행복해질 수 있어.

혜윤

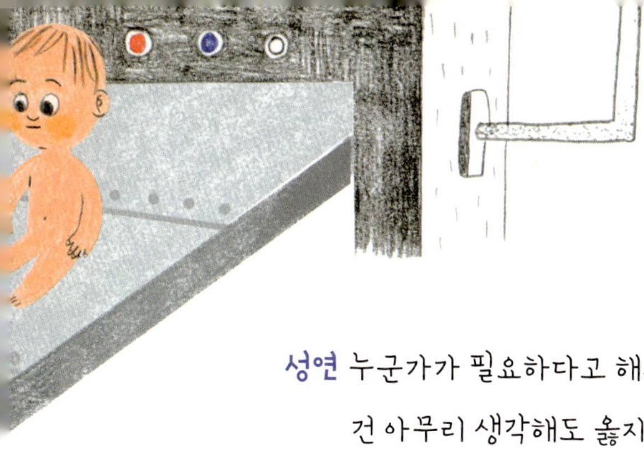

성연 누군가가 필요하다고 해서 다른 생명을 만들어 낸다는 건 아무리 생각해도 옳지 않은 것 같아. 그런 식이라면 우리도 누군가가 필요로 한다는 이유로 그 사람의 소유가 될 수 있다는 거잖아. 그러면 인간을 존중하는 마음도 사라질 것 같아. 내가 없어지더라도 언제든지 다시 만들면 그만이니까.

종현 그건 이유가 안돼. 무엇이 옳고 그른지도 때와 장소에 따라 변하기 마련이야. 옛날에는 수혈도 하지 못하게 했단 말이야. 지구가 태양의 주위를 돈다는 지동설도 수백 년 전에는 옳지 못한 생각이라고 무시당했다는 거 몰라?

은경

그래. 지금 옳다고 나중에까지 옳다는 법은 없지. 하지만 시간이 지나면서 변하는 것이 있고 절대 변하지 않는 것도 있어. 인간의 소중함은 절대 변하지 않는 문제야. 사람을 함부로 다루거나 해치는 것은 지금이나 아주 먼 훗날이나 모두 나쁜 짓인 건 분명해.

"오케이! 알았으니까 이제 그만하자."

토론이 점점 열기를 띠어 갈 무렵, 지은이가 박수를 치며 아이들의 입을 막았다.

"왜 멈추는 거야. 난 아직 할 말이 많은데!"

종현이는 못 한 말이 많이 남았다는 듯 씩씩댔다. 그런 종현이 곁에서 지은이는 웃으며 말을 이었다.

"인간 복제를 찬성하든 하지 않든 간에 어쨌든 모두 인간이 행복하기 위해서 어떻게 해야 하는지에 대한 토론이잖아."

"그렇지."

"그런데 지금 우리는 토론을 하느라 점심시간이 한참 흘렀는데도 밥을 먹지 않고 있다는 거야. 그리고 사람은 밥을 먹지 않으면 불행해지거든."

한 손에 턱을 괴고 심각한 척하는 지은이의 말에 아이들이 '와!' 하고 웃음을 터트리며 외쳤다.

"그래! 맛있는 밥을 먹고 얼른 행복해지자."

논쟁_인간 복제

복제 양 돌리와 인간 복제

1996년 7월 5일, 영국 로슬린 연구소에 수많은 과학자가 모여들었습니다. 세계 최초의 복제 양이 탄생하는 순간을 지켜보기 위해서였습니다. 긴장된 표정으로 어미 양을 바라보던 연구 책임자 윌머트 박사와 연구원들은 무사히 새끼 양이 태어나자 만세를 부르며 서로를 얼싸안았습니다. 이 새끼 양이 바로 체세포 복제를 통해 탄생한 복제 양 '돌리'입니다.

체세포 복제란 생식 세포가 아니라 몸을 이루는 세포를 분열시켜 생명체를 만드는 것입니다. 사람으로 비유하면, 부모 없이 자기 몸이나 머리카락 세포를 이용해서 자기와 똑같이 생긴 또 다른 자기를 만드는 것을 말합니다. 복제 양 돌리는 다 자란 양의 젖샘 세포를 떼어 내 복제함으로써 탄생했습니다.

돌리의 탄생은 과학계를 넘어 전 세계에 충격을 가져다주었습니다. 이전까지 생명 탄생은 인간이 관여할 수 없는 성스러운 것으로서 온전히 신이나 자

세계 최초로 체세포 복제를 통해 태어난 포유류 동물인 복제 양 돌리와 연구 책임자 이언 윌머트 박사.

연에 맡겨진 일로 여겨졌기 때문입니다. 또한, 포유동물의 체세포 복제가 가능하다는 것은 기술이 조금만 발전하면 인간 복제도 가능하다는 뜻이기 때문에, 이에 따른 복잡하고 까다로운 윤리적 문제도 함께 논의되었습니다. 복제 기술을 찬성하는 쪽은

1. 신체의 일부나 장기를 복제하여 난치병 환자를 치료하면 환자와 그 주변 사람들의 삶의 질을 향상시킬 수 있다.
2. 아이를 원하지만 아이를 가지지 못하는 사람들을 도울 수 있으며, 체세포 복제로 과거에 죽은 사람의 모습을 현대에 다시 되살릴 수 있다.
3. 과학 기술은 옳고 그름으로 판단할 대상이 아니다. 지금은 당연한 진리인 지동설도 중세의 도덕 기준으로는 악마의 이론이었다.

라는 것을 주된 이유로 들고 있습니다. 하지만 인간 복제에 대한 반대 의견도 만만치 않습니다.

1. 인간은 어떤 경우에도 무언가를 위한 수단으로 대접받으면 안 된다. 복제 인간이나 복제된 신체 일부도 분명히 인간이고 인간의 일부인데, 인간이 다른 인간의 병을 치료하기 위한 수단으로 이용된다면 인간의 존엄성을 해할 수 있다.

2. 인간 복제가 허용된다면 인간 또한 사고파는 물건이 될 수 있다. 또, 우수한 유전자를 가진 인간만을 생산하는 것도 가능해져서 인간의 개성이 무시될 수 있고, 스스로 우월하다고 생각하는 사람들이 자기들보다 열등하다고 생각하는 인간을 멸종시킬 수 있다.

3. 과학과 기술도 도덕적으로 옳고 그름을 따져야 한다. 간혹 사회의 도덕적 기준 때문에 과학과 기술의 발전이 더뎌질 때도 있지만, 그렇다고 과학의 옳고 그름을 생각하지 않는다면 생체 실험이나 장기 매매 등으로 사회는 더욱 불행해질 수 있다.

라는 것을 주된 근거로 들고 있습니다.
인간 복제에 관한 문제는 논쟁이 치열한 만큼 대중문화에서도 자주 다루어

졌습니다. 2005년에 개봉한 영화 〈아일랜드〉는 인간 복제의 문제점을 다루고 있습니다. 세상의 모든 오염으로부터 격리된 시설, 그곳에서 살고 있는 주민들은 생태 위기로 멸망한 지구에서 자기들만이 유일하게 살아남은 것이라고 믿습니다. 하지만 실제로 그곳 주민들은 유명 인사들의 체세포 복제로 만들어진 복제 인간들입니다. 유명 인사들이 다치거나 병에 걸리면 복제 인간을 소환하여 장기나 신체의 일부를 이식하는 것입니다. 영화는 이 사실을 알게 된 복제 인간들이 인간의 존엄성을 부르짖으며 시설을 탈출하는 것으로 마무리됩니다.

  2005년 유엔 총회는 인간을 복제하려는 시도는 금지되어야 한다고 결의하였고, 현재 우리나라에서는 인간 복제가 법적으로 금지되어 있습니다. 하지만 이러한 우려에도 불구하고 복제 기술은 점차 발달하고 있습니다. 복제 기술로 인해 우리 삶이 조금 더 편안해지는 것도 사실입니다. 언젠가 인간 복제가 가능해진다면 우리는 중대한 결정을 내려야 할 것입니다.

 깊이 생각해 보기

① 팔다리나 심장 등 신체 일부 또는 장기만 복제하는 것도 문제가 될까?
② 오래전에 죽은 위인의 체세포를 이용하여 그 인물을 현대에 되살려 내는 것은 어떤 문제가 있을까?

다른 문화는 언제나 존중받아야 할까?

 일주일 중 가장 지루한 월요일이 돌아왔다. 밤늦게까지 게임을 하다 늦잠을 잔 종현이는 서둘러 학교로 향했다. 간신히 지각을 하지는 않았지만 이내 책상에 고개를 박고 졸기 시작했다. 세수도 제대로 하지 않았는지 종현이의 눈에는 눈곱이 가득 끼어 있었다. 그 모습을 본 지은이가 혀를 차며 한마디 했다.
 "야! 이종현, 얼른 눈곱 좀 떼고 이제 일어나. 곧 수업 시작이란 말이야."
 지은이의 말에 종현이가 크게 기지개를 켜며 물었다.
 "벌써 시간이 그렇게 됐나?"
 "그래."
 "1교시 수업은 뭐야?"

"너 시간표도 안 보고 학교 왔냐? 도덕이야, 도덕."

"뭐야. 가뜩이나 피곤한데 과목까지 지겨운 도덕이라니. 정말 괴롭네."

1교시가 도덕이라는 말에 종현이가 얼굴을 찌푸렸다. 종현이에게 도덕 수업이란 매일 뻔한 소리만 하는 과목이었기 때문이다. 그 모습을 한심하게 바라보던 지은이가 다시 한마디 했다.

"내가 보기엔 너한테 제일 필요한 수업 같은데."

"뭐라고?"

지은이가 놀리자 종현이가 눈을 번쩍 떴다. 지은이가 다시 웃으며 말을 이었다.

"야! 됐고. 하여간 다음 시간은 전혀 지루하지 않을 거야."

"무슨 일이라도 있어?"

"아까 잠깐 교무실에 갔다 왔는데 우리 반에 전학생이 온 것 같더라고."

지은이의 입에서 전학생이라는 말이 나오자 종현이의 졸린 얼굴이 갑자기 환해졌다.

"오! 잘됐네. 전학생이 왔다면 소개하고 인사하는 동안 시간이 가는 거잖아. 한 시간 공짜로 벌었네."

"그게 전부가 아냐, 바보야."

"또 뭐가 있어?"

"응. 오늘 새로 온 전학생이 글쎄……."

"글쎄…… 그래서 뭐?"

종현이가 지은이를 재촉했다. 하지만 지은이는 종현이를 궁금하게 하려는 듯 아무 대답도 하지 않았다. 종현이가 다시 지은이를 재촉하려는데 마침 교실 앞문이 열리고 선생님이 한 여자아이와 함께 들어왔다. 그 아이를 보는 순간 종현이는 지은이가 무슨 말을 하려 했는지 알 수 있었다. 새로 온 전학생은 외국인이었고, 머리에는 스카프 같은 것을 쓰고 있었다. 선생님은 아이를 교탁 앞에 세워 두고 칠판에 '히나'라고 쓴 다음 아이들에게 소개했다.

"얘들아, 오늘은 새로운 친구가 우리 반에 왔단다. 이름은 히나, 먼 곳에

서 왔어. 하지만 한국에서 몇 년 있었기 때문에 우리말을 아주 잘해. 모두 사이좋게 지내렴. 알았지?"

아이들이 "네!" 하고 입을 모아 큰 소리로 대답했다.

1교시 수업이 끝나자 아이들이 히나 주위로 모여들었다. 하지만 먼저 말을 거는 아이는 없었다. 아이들이 말을 걸지 않고 자기를 쳐다보기만 하자 히나는 겁이 나는지 고개를 숙였다. 지은이가 먼저 히나에게 말을 걸었다.

"히나야, 너는 어디에서 왔니?"

다정한 목소리에 히나는 고개를 들고 씩씩하게 대답했다.

"난 인도네시아에서 왔어."

지은이의 물음에 히나가 유창한 한국어로 말하자 마치 둑이라도 터진 것처럼 아이들은 쉴 새 없이 질문을 쏟아 내기 시작했다.

"우아! 거기가 어디야?"

"난 알아. 베트남이랑 가까운 곳이지?"

"너 한국말 진짜 잘한다!"

어느새 히나와 반 아이들은 오랫동안 알고 지낸 사이처럼 친해졌다. 그때 종현이가 히나에게 물었다.

"그런데 너 머리에 쓰고 있는 게 뭐야?"

"응. 이건 히잡이라고, 여자들이 머리에 쓰는 거야."

"안 답답해?"

"답답해도 원래부터 쓰고 다니는 거라서 어쩔 수 없어."

히나의 말이 끝나자 은경이가 답답하다는 듯이 말했다.

"그런 게 어디 있어. 답답하면 벗으면 되는 거잖아."

"여자는 집 밖에서 반드시 히잡을 써야 하는 게 이슬람교의 전통이야. 인도네시아 사람들 대부분이 이슬람교를 믿어."

여자는 히잡을 벗으면 안 된다는 히나의 말에 지은이가 화난 목소리로 다그쳤다.

"말도 안 돼. 남자는 마음대로 하고 다니면서 왜 여자만 써야 되는 건데? 그러지 말고 한번 벗어 봐."

지은이가 히나의 히잡에 손을 대려 하자 히나가 움찔하더니 뒤로 물러섰다. 이를 본 경민이가 지은이를 가로막으며 히나 앞에 섰다.

"히나가 싫다는데 지은이 너 왜 이래. 상대방의 생각은 존중해야지. 도덕 시간에 다른 사람들의 문화를 인정해야 한다고 배웠잖아."

지은 그래도 그렇지. 아무리 다른 문화를 존중한다고 해도 남자와 여자를 차별하는 문화까지 인정해야 하는 건 아니라고 생각해.

성연 그러는 우리는? 우리도 다른 나라에서 그렇게 먹지 말라는 보신탕을 먹잖아. 그 사람들이 인정하지 않으면 우리도 보신탕을 안 먹어야 돼? 자기들은 달팽이도 먹으면서 왜 남 먹는 걸 참견해?

은경 난 지은이 말이 맞는 것 같아. 네 말대로라면 식인종이 사람을 잡아먹어도, 그게 문화라고 우기면 다른 사람들은 참견할 수 없다는 거잖아.

105

종현 히잡이랑 식인종이랑 어떻게 같냐? 비교할 걸 비교해야지. 사람을 잡아먹는 것처럼 야만적인 행동은 문화라고 인정할 수 없지. 인정해서도 안 되고. 하지만 히잡이나 보신탕은 어느 정도 이해할 수 있는 부분이잖아.

성연 야만적인지 아닌지 판단하는 사람은 누군데? 서로가 입장과 생각이 다른 건데 말이야. 그러니까 다른 사람이 먹는 걸 참견하면 안 돼. 마찬가지로 히잡도 우리 기준으로만 함부로 판단하면 안 되는 거야.

히나를 사이에 두고 아이들이 계속 말싸움을 이어가자 히나가 자리에서 벌떡 일어나 소리쳤다.

"얘들아, 잠깐! 이제 그만 싸우면 안 돼?"

그러자 아이들이 모두 입을 다물고 히나를 바라보았다.

"어쨌든 너희들이 나를 위해서 이야기하는 거라는 건 알겠어. 하지만 오랫동안 해 왔던 일을 갑자기 그만둘 수는 없는 것 같아. 그러니 오늘은 이만하고 앞으로 친하게 지내면 좋지 않을까?"

히나의 말에 지금까지 치열하게 토론하던 아이들이 마치 약속이나 한 듯 동시에 대답했다.

"그야 당연하지!"

논쟁 __ 문화 상대주의

『샤를리 에브도』 테러 사건과 문화 상대주의

　교통과 통신이 발달하지 않았던 옛날과 달리 지금은 외국에 나가 사는 사람들이 많습니다. 일자리, 공부, 결혼 등 해외로 가는 이유도 다양합니다. 뉴욕이나 런던, 파리와 같은 유명 도시에는 세계 각지에서 온 다양한 인종과 민족의 사람들이 살아가고 있습니다. 우리나라도 마찬가지입니다. 텔레비전이나 거리에서 외국인을 보는 것은 더 이상 신기한 일이 아닙니다.

　이처럼 서로 다른 문화 속에서 살았던 사람들이 함께 어울려 살다 보니 새로운 문제들이 생겨나기 시작했습니다. 이전에 살던 곳에서는 아무 문제가 없던 일들이 지금 사는 곳에서는 심각한 문제가 되는 경우가 있기 때문입니다. 예를 들어 우리가 평소에 맛있게 먹는 소고기가 힌두교를 믿는 인도 문화권에서는 금지 음식입니다. 마찬가지로 이슬람교를 믿는 아랍 문화권에서는 돼지고기가 금지되어 있습니다. 우리나라 사람들 일부가 건강을 위해 먹는 보신탕은 많은 나라에서 불법적인 행동입니다. 또한 태어나고 자란 나라를 떠나 다른 나라에 온 사람들 중에는 일자리를 구하러 온 경우가 많아 원래 거주하던 사람들과 경쟁하면서 갈등이 생기기도 합니다. 생활 방식이 다른 사람들이 한곳에 모이다 보니 곳곳에서 충돌하는 경우가 많아진 것입니다.

　2015년, 프랑스의 언론『샤를리 에브도』와 관련한 테러 사건도 그런 충돌 중의 하나입니다. 역사적으로 프랑스는 시민들이 자유를 위해 들고 일어나 혁명으로 민주적인 정부를 세운 세계 최초의 나라입니다. 그러므로 프랑스는 아주 오래전부터 누구나 자신의 생각을 자유롭게 말하고, 다른 사람의 사상을 자유롭게 비판할 수 있는 언론과 표현의 자유가 발달해 있었습니다. 이를 프랑스어로 '톨레랑스', 우리말로는 '관용'이라 합니다. 프랑스 철학자 볼테르의 말로 알려진 "나는 당신의 의견에 찬성하지 않는다, 하지만 당신이 그 의견 때문에 피해를 본다면 나는 당신과 함께 싸우겠다."는 말은 프랑스가 전 세계에 자랑하는 톨레랑스 정신을 잘 나타내고 있습니다. 『샤를리 에브도』는 이런 전통 아래에서 성역 없는 비판으로 잘 알려진 시사 주간지입니다.

하지만 이슬람교 문화권에서 자란 사람들은 아무리 표현의 자유라 할지라

도 자신들의 종교적 관습을 풍자하거나 모욕을 주는 것을 금지하고 있습니다. 그들의 문화에서 종교는 표현의 자유보다 앞서는 매우 소중한 가치이기 때문입니다. 그러나 종교와 정치를 분리하고 민주주의를 추구하는 문화권의 사람들은, 언론은 모든 것에 대해 비판할 자유가 있으며 종교도 예외가 아니라고 생각합니다. 그래서 『샤를리 에브도』에 이슬람교에서 신성시하는 예언자 '무함마드'를 조롱하는 만화가 실리자 분노한 이슬람교 신자들이 언론사에 찾아가 총기를 난사하여 편집장과 만화가를 비롯한 많은 사람들이 희생되었습니다.

『샤를리 에브도』 테러가 발생하자 프랑스를 비롯한 전 세계에서는 서로 다른 민족의 문화를 어디까지 존중해야 하는지에 대해 격렬한 논쟁이 벌어졌습니다.

   테러는 잘못된 행동이지만 이슬람 문화권의 특성을 이해하지 못하고 조롱을 한 『샤를리 에브도』가 원인을 제공했다고 주장하는 측은

1. 모든 문화는 각 민족의 고유한 환경에서 나타난 삶의 방식이므로 자신만의 잣대로 함부로 폄하하지 말고 존중해 주어야 한다.

2. 옳고 그름은 절대적인 것이 아니다. 소고기나 돼지고기 등 특정 육류를 먹지 않는 사회가 있듯이 어떤 곳에서 옳은 문화가 다른 곳에서는 틀린

파키스탄, 예멘, 터키 등과 같은 이슬람 문화권 국가에서는 이슬람교 창시자 무함마드를 조롱한 『샤를리 에브도』에 대해 격렬한 항의 시위가 펼쳐졌다.

문화가 될 수 있다. 표현의 자유 또한 마찬가지다.

3. 자신들의 문화만 옳은 것으로 이해한다면 다른 문화에 대해 편견을 가지고 차별하게 되며, 인종 갈등이나 문화 갈등을 불러일으키는 원인이 된다.

라며 모든 문화는 제각기 상대적인 가치가 있다는 문화 상대주의를 근거로 『샤를리 에브도』의 기사와 만화를 비판했습니다. 반면 『샤를리 에브도』를 지지하는 측은

1. 히잡, 식인 풍습과 같이 양성평등에 어긋나거나 인간 존엄성을 해치는 문화들은 보호받아서는 안 된다.

2. 모든 문화가 고유한 가치와 합당한 이유를 지닌다고 인정한다면 우리는 어떠한 문화도 비판할 수 없다.

3. 문화적 갈등을 피하려 다른 문화에 대한 비판을 하지 못한다면 다른 문화 때문에 고통 받는 사람들을 외면하게 되고 더 나은 사회를 꿈꿀 수 없다.

라는 내용을 근거로 옳지 않다고 여겨지는 다른 문화에 대한 비판을 인정해야 한다고 주장하였습니다.

시간이 흐를수록 세계는 점점 더 가까워지고 있습니다. 세계의 어느 나라도 혼자만으로는 생활을 꾸려 나가기 어렵습니다. 지금 이 시간에도 많은 사람들이 여러 가지 이유로 자신의 고향을 떠나 다른 나라로 이동하고 있습니다.

『샤를리 에브도』 테러 사건의 희생자들을 추모하는 파리 시민.

한 나라에서 다양한 이민자들이 함께 살아가는 것은 더 이상 선택이 아니라 필수입니다.

  더 생각해 보아야 할 것은 서로 다른 환경에서 자란 사람들의 문화를 어디까지 받아들일 수 있는가 하는 문제입니다. 세계 곳곳에서 문화적 갈등으로 수많은 사람들이 죽거나 다치고 있습니다. 서로의 문화를 이해하고 존중하는 것은 중요한 일입니다. 하지만 그 문화가 우리가 옳다고 믿는 가치를 해할 수 있을 때 우리는 어떠한 태도를 가져야 하는가는 더 깊이 생각해 보아야 할 문제입니다.

깊이 생각해 보기

① 옳지 않은 문화의 피해자로 보이는 사람이 자기는 괜찮다며 신경 쓰지 말라고 하는 경우에도 그 문화를 비판할 수 있을까?

② 외국인들이 한국인들에게 보신탕을 먹지 말라고 하는 것은 정당한 비판일까?

환경 보호와 개발은 함께할 수 있을까?

"와, 눈이다!"

"정말이야? 어디 어디?"

아이들이 커튼을 걷고 교실 창문을 열었다. 하늘이 온통 하얀색 솜털 같은 눈으로 뒤덮여 있었다. 올겨울 들어 처음 내리는 눈이라 아이들은 눈을 보기 위해 창가로 달려왔다. 한꺼번에 여럿이 몰려들자 창가 옆자리에 앉아 있던 지은이가 소리를 질렀다.

"야! 이종현, 너 저리 안가? 지금 나 눌리는 거 안 보여?"

"다른 애들도 있는데 넌 왜 맨날 나만 꼭 집어서 뭐라고 그래?"

"너! 정말 이럴래?"

종현이가 사과를 하지 않고 오히려 투덜거리자 지은이가 다시 큰소리를 냈다. 하지만 사과는 종현이가 아니라 엉뚱한 데서 나왔다.

"지은아, 미안해!"

얼마 전에 전학 온 히나였다. 히나도 종현이랑 다른 애들처럼 창밖 눈을 보기 위해 지은이 자리에 와 있었다. 히나는 여전히 머리에 히잡을 쓰고 있었다.

"어? 히나야. 평소에 얌전하던 너까지 웬일이냐."

"아니, 그게 아니라 눈이 신기해서."

"눈이 신기하긴 뭐가 신기해? 설마 너 눈을 처음 보는 거야?"

눈이 신기하다는 히나의 말에 아이들이 깜짝 놀랐다. 성연이도 마찬가지였는지 눈을 동그랗게 뜨고 물었다.

"한국에 와서 몇 번 보긴 했는데 볼 때마다 참 신기해. 예전에 내가 살던 인도네시아는 항상 따뜻해서 겨울에도 눈이 안 왔거든."

"아! 맞다. 인도네시아는 열대 기후지."

상혁이의 말에 아이들이 이제야 알았다는 듯이 '아하' 하고 고개를 끄덕였다. 그러자 종현이가 히나를 보며 말했다.

"그럼 너 스키나 스노보드도 못 타 봤겠네?"

"응! 텔레비전에서 몇 번 보기만 했어."

"쯧쯧, 너도 참 안됐다. 그 재미있는 걸 한 번도 못 타 보다니 말이야."

종현이가 혀를 차며 아쉬워하자 은경이가 종현이의 말을 끊었다.

"안되긴 뭐가 안돼. 지금부터라도 열심히 타면 되는 거지."

"맞아! 조금 있으면 방학이고, 남는 게 시간인데 말이야."

지은이가 손뼉을 치며 은경이를 거들자 종현이는 할 말이 없는지 조용해졌다. 그러자 경민이가 끼어들었다.

"그런데 스키장 가는 게 사실 그렇게 쉽진 않지. 서울에서도 멀리 떨어져 있고 말이야."

"그거거든! 한번쯤 큰맘 먹고 가면 몰라도 열심히 타기는 어렵지."

경민이가 편을 들어 주는 듯하자 종현이가 신나서 맞장구쳤다. 상혁이도 고개를 끄덕거렸다.

"그리고 보니까 재미있는 건 다 우리 동네에서 너무 멀리 있네. 스키장도 그렇고 동물원이나 놀이공원도 그렇고 말이야."

"맞아. 우리 동네에 스키장이 있으면 하루도 빠지지 않고 매일 갈 수 있을 텐데."

"그러면 엄마랑 아빠랑 휴가를 내지 않고 퇴근하고 나서도 스키장에 갈 수 있어."

아이들이 아쉽다는 듯이 너도나도 한마디씩 했다. 아이들이 자기 생각에 맞장구를 치자 신이 났는지 종현이가 다시 한마디 했다.

"우리 동네 뒷산 말이야. 별로 쓸모도 없는데 거기다 그냥 스키장이나 만들었으면 좋겠다. 방학 동안 실컷 스키 타게."

"그거 진짜 좋겠다. 그러면 동네에 놀러 오는 사람들도 많아질 거 아냐? 요새 우리 집 식당에 손님이 없다고 엄마가 걱정하던데."

경민이가 다시 종현이의 말을 받았다. 하지만 지은이가 둘의 말에 즉시 반박했다.

"야! 그래도 그건 아니지. 그게 말이 되냐?"

"말이 왜 안 되는데?"

허리에 두 손을 댄 채 쏘아붙이는 지은이에게 종현이도 질 수 없다는 듯이 팔짱을 끼고 맞섰다.

"넌 수업 시간에 환경을 보호해야 한다고 안 배웠냐? 가뜩이나 동네에 나무도 얼마 없는데 그것마저 베어 내면 공기는 더 안 좋아질 거라고!"

"아니, 난 종현이의 말이 일리가 있다고 생각해."

"설마 성연이 너도?"

성연 환경을 보호하는 것보다 더 중요한 건 사람이 먼저 편안해야 하는 게 아닐까? 당장 사람들이 힘들어하는데도 환경을 보호하기 위해 개발을 막는 건 뭔가 앞뒤가 맞지 않는 것 같아.

지은 난 환경을 보호하는 건 결국 사람을 보호하는 거라고 생각해. 환경을 무시하고 마구잡이로 개발한 결과를 봐. 홍수나 산사태처럼 자연재해가 자꾸 발생해서 큰 피해를 입잖아.

종현 자연을 개발하기 전에는 홍수나 산사태가 안 났다고 생각해? 오히려 댐을 건설하거나 둑을 쌓아서 홍수나 산사태 피해를 줄일 수도 있다고 생각하지 않아?

상혁 그런 건 나중에라도 언제든지 할 수 있지만 환경은 한 번 파괴되면 다시 살리기 어려워. 이대로 계속 환경을 파괴하다간 언젠가 우리는 물도 마음대로 마시지 못하고 숨도 제대로 쉬지 못하게 될 거야.

경민 그때가 되면 또 기술이 발달해서 대책을 세울 수 있을 거야. 석유도 얼마 안 있으면 없어진다고 했는데 계속 새로운 에너지가 나오잖아.

 **은경** 그건 아무도 장담할 수 없어. 그리고 오늘만 편하다고 다가 아니야. 우리 다음에 살 후손들을 생각해서 깨끗한 환경을 물려주어야 할 의무가 있어.

그때였다. 아이들의 이야기를 듣고만 있던 히나가 창밖을 응시하며 나지막이 말했다.

"자, 이제 그만하고 눈이나 보자. 난 늘 날씨가 따뜻한 곳에서 살다 와서 이렇게 계절이 바뀌는 모습이 정말 신기하고 좋아."

"그래? 난 추위를 잘 타서 매일매일 여름이면 좋을 것 같은데."

"넌 덩치도 큰 애가 왜 그렇게 추위를 타? 그럼 네가 인도네시아에 가서 살면 되겠네?"

"정말 그래 볼까?"

종현이가 놀리는데도 진지하게 고민하는 상혁이의 표정을 보며 아이들이 모두 큰 소리로 웃었다.

"굳이 인도네시아에 갈 필요 없을지도 몰라."

지은이의 말에 아이들이 웃음을 멈추고 물었다.

"왜?"

"나무가 사라지고 이산화탄소가 늘어나서 지구가 점점 더워지고 있으니까. 지금처럼 계속해서 개발을 한다면 우리나라도 얼마 지나지 않아 열대 기후 못지않게 더워질 거야."

"맞아! 나도 들은 적 있어. 지구 온난화로 극지방의 얼음이 녹아서 바다가 높아지고 있대. 그래서 어떤 섬나라는 나라가 잠겨서 없어질지도 모른다고 그랬어."

지은이와 경민이의 말이 끝나고 수업 종이 울리자 아이들은 자기 자리로 돌아갔다. 창밖에선 여전히 하얀 눈이 내리고 있었다. 어쩌면 머지않아 다시는 눈을 볼 수 없을지도 모른다는 생각에 아이들은 어느 때보다 오래도록 창밖을 바라보았다.

논쟁 _ 자연 개발

『침묵의 봄』과 리우 환경 회의

　1962년, 미국의 해양생물학자 레이첼 카슨은 농사를 지을 때 뿌리는 농약이나 살충제가 환경을 심각하게 오염시켜 생물을 멸종시킨다는 내용의 책 『침묵의 봄』을 펴냅니다. 이 책은 환경 문제의 심각성에 대해 미처 깨닫지 못했던 사람들에게 환경 오염이 인류의 미래에 치명적인 위험이 될 수 있다는 걸 경고하였습니다. 이후 환경 문제는 점차 중요한 문제로 떠올랐고, 시간이 흐르면서 세계의 많은 나라가 환경을 보호하는 법과 제도를 시행하게 되었습니다.

　그런 노력의 일환으로 개최된 것이 1992년 브라질의 도시 리우데자네이루에서 열린 리우 환경 회의입니다. 리우 환경 회의에서는 대통령과 수상 등 세계 각국을 대표하는 사람들과 민간 환경 단체들이 점점 나빠지고 있는 지구의

환경 문제, 그리고 선진국과 개발도상국 사이의 빈부 격차 문제를 논의하였습니다.

하지만 자연 개발 문제에 대해 선진국과 개발도상국의 의견은 서로 달랐습니다. 이미 어느 정도 개발을 마친 선진국들은 더 이상의 개발을 줄이고 자연환경을 보전하는 것이 중요하다고 주장하였고, 아직 선진국이 되지 못한 개발도상국들은 산업 발전을 위해 더 많은 공장이나 도로를 만들 수밖에 없다고 주장하였기 때문입니다. 당시 선진국들의 의견은

1. 지구 온난화로 인한 해수면 상승, 대기 오염으로 인한 오존층 파괴, 삼림 파괴로 인한 사막화와 이산화탄소 증가 등 무분별한 개발은 환경을 오염시켜 사람들의 삶의 질에 심각한 위기를 가져다준다.

2. 환경 문제는 어느 한 나라의 문제로 끝나는 것이 아니라 전 세계에 영향을 끼치는 문제이므로 모든 나라가 서로 협력하여 해결하여야 한다.

3. 지구의 역사는 우리 세대에서 끝나는 것이 아니라 계속해서 이어져야 한다. 우리는 지구의 주인이 아니며 우리의 미래 세대에게 깨끗하고 좋은 환경을 넘겨줄 의무가 있다.

라는 논리로 자연을 파괴하는 과도한 개발을 금지해야 한다고 주장하였습니다. 반면 개발도상국들의 주된 의견은,

1. 아직 경제 성장이 완성되지 않아 많은 사람들이 어려운 삶을 살아가는 상태에서는 환경 보호보다 먹고사는 생존의 문제를 해결하는 것이 우선이다.

2. 환경 오염을 이유로 다른 나라의 개발을 금지하는 것은 이미 개발을 마친 선진국들의 이기주의이며 자기들이 초래한 환경 오염을 아직 제대로 개발을 하지도 않은 개발도상국들에게 책임지게 하는 일이다.

3. 자연은 스스로 치유할 수 있는 능력이 있다. 환경 보호라는 이유만으로 모든 개발을 금지한다면 지금 사용하는 모든 문명의 이기들을 동시에 사용하지 않아야 한다.

라고 주장하였습니다.

그렇게 선진국과 개발도상국 간의 치열한 논의가 오가는 중에 회의장 단상 위로 한 소녀가 올라왔습니다. 어린이들로 구성된 환경 보호 단체 '에코(ECHO)'에 소속된 세번 스즈키라는 12살 소녀는 단상에서 또박또박한 어조로 연설하기 시작했습니다. 연설의 주된 내용은 어린이들은 안전한 환경에서 살고 싶으며, 파괴된 환경을 복원할 방법이 없다면 더 이상의 환경 파괴를 멈춰 달라는 호소였습니다.

스즈키의 바람대로 리우에 모인 세계 대표들은 환경과 개발에 대한 역사적

리우 환경 회의에서 어린이 대표로 연설했던 세번 스즈키는 현재 캐나다의 환경 운동가로 활동 중이다.

인 선언을 이끌어 내게 되었습니다. 인간은 자연과 조화를 이룬 건강하고 생산적인 삶을 살아야 하며, 지금 세대와 미래 세대의 요구를 공평하게 만족시킬 수 있도록 환경이 파괴되지 않는 범위 내에서 지속 가능한 개발을 하고, 환경을 보호하기 위해 전 세계가 함께 노력해야 한다는 것이 주된 내용입니다.

자연을 개발하여 인류의 삶의 질을 향상시키는 것과 환경 보호는 서로 대립되는 경우가 대부분입니다. 리우 환경 회의 이후에도 세계 곳곳에서 환경 보호와 개발 중에서 어느 것을 우선할지 논쟁이 벌어지는 것도 같은 이유입니다. 심지어는 같은 나라에서도 도시와 지방 사이에 논쟁이 벌어지곤 합니다.

인류의 행복한 삶과 지구의 미래를 위해 어떤 판단이 필요할까요?

 깊이 생각해 보기

① 환경을 파괴하지 않으면서도 사람들의 경제적 수준을 높일 수 있는 방법이 있을까?

② 환경 보호를 이유로 개발도상국들이 개발을 하지 못하게 되면 선진국은 어떤 행동을 해야 할까?

사진 제공

20쪽 카이사르 석상 ⓒ Marie-Lan Nguyen
21쪽 카이사르 주화 ⓒ Classical Numismatic Group, Inc.
66쪽 보스턴 마라톤 폭탄 테러 ⓒ Aaron Tang
82쪽 특목고·자사고 폐지 촉구 시위 ⓒ 연합뉴스
94쪽 복제 양 돌리와 윌머트 박사 ⓒ 연합뉴스
111쪽 『샤를리 에브도』 반대 시위 ⓒ 연합뉴스
112쪽 『샤를리 에브도』 테러 사건 희생자 추모 ⓒ Yves Tennevin
127쪽 세번 스즈키 ⓒ Nick Wiebe